D1688232

Sabotage-Fallen

Die unbewussten Tricks
der menschlichen Psyche

Hinweise des Verlags:

Dieses Buch und die Karten dienen der Information über Möglichkeiten der Selbsthilfe bei psychischen Alltagsproblemen und über bewährte Methoden der Beratung und Therapie. Wer sie anwendet, tut dies in eigener Verantwortung. Autoren und Verlag beabsichtigen nicht, Diagnosen zu stellen und Therapieempfehlungen zu geben. Die Verfasser erstellten den Inhalt der Karten und des Begleitbuches nach bestem Wissen und prüften alles mit größtmöglicher Sorgfalt. Die Informationen und hier beschriebenen Techniken in Kartenset und Begleitbuch sind nicht als Ersatz für professionelle therapeutische Behandlung bei gesundheitlichen Problemen oder größeren psychischen Störungen zu verstehen.

Die Begriffe Spirit of Energy® und Energy Psychology® sind geschützte Wortmarken und in dieser Schreibweise sollten die beiden Begriffe gegebenenfalls zitiert werden. In diesem Buch wird in fließendem Text zur Erleichterung des Lesens die vereinfachte Schreibweise Spirit of Energy und Energy Psychology verwendet.

Bibliografische Information Deutsche Nationalbibliothek
Die deutsche Nationalbibliothek verzeichnet diese Publikation in der Deutschen Nationalbibliografie; detaillierte bibliografische Daten sind im Internet über http://www.dnb.de abrufbar.

edition-empirica Verlagsgesellschaft mbH
Cäsarstraße 6-10
50968 Köln
Deutschland
www.edition-empirica.de

© edition-empirica Verlagsgesellschaft mbH, Köln
Fotos, Abbildungen, Grafiken: Kornelia Becker-Oberender, Erwin Oberender
Titel-/Kartendesign: 12ender GmbH, Köln
Satz: C. Schaarschmidt, Bonn
Herstellung: Feierabend Unique Books

Printed in Europe

1. Auflage 2013
ISBN: 978-3-938813-15-7

Dieses Werk einschließlich aller seiner Teile ist urheberrechtlich geschützt. Jede Verwertung außerhalb der engen Grenzen des Urheberrechtsgesetzes ist ohne Zustimmung des Verlages unzulässig und strafbar. Das gilt insbesondere für Vervielfältigungen, Übersetzungen, Mikroverfilmungen und die Einspeicherung und Verarbeitung in elektronischen Systemen.

Kornelia Becker-Oberender u. Erwin Oberender

Sabotage-Fallen

Die unbewussten Tricks der menschlichen Psyche

Buch mit 5 Spirit of Energy-Karten

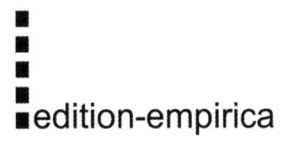

edition-empirica

edition-empirica Verlagsgesellschaft mbH, Köln

Dieses Buch widmen wir unseren Kindern

Luisa, Simon, Daniel, Svenja und Frank

Inhalt

	Überblick	6
1	**Einführung**	7
2	Was sind Sabotage-Fallen?	13
2.1	Sabotage-Fallen in der energetischen Psychologie	16
2.2	Sabotage-Fallen abgeleitet aus der Transaktionsanalyse	26
2.3	Antreiber vor dem Hintergrund der chinesischen Energielehre	29
3	**Wie entstehen Sabotage-Fallen?**	37
3.1	Durchdachtes Zeit- und Zielmanagement versus hektisches Treiben (Holzelement)	39
3.2	Begeistertes Durchhalten versus frustriertes Bemühen (Feuerelement)	40
3.3	Ausgleichend beziehungsfähig versus selbstverloren aufopfernd (Erdelement)	43
3.4	Entspannt genau versus penetrant rechthaberisch (Metallelement)	45
3.5	Stabil gelassen versus hart kämpfend (Wasserelement)	47
3.6	Zusammenfassung	49
4	**Sabotage-Fallen erkennen**	51
5	**Sabotage-Fallen auflösen**	53
5.1	Kurzformen in der Energetischen Psychologie zur Auflösung von Sabotage-Fallen	53
5.2	Ausführliche Form zur Auflösung von Sabotage-Fallen in der energetischen Psychologie	56
5.3	Auflösung von Antreiber-Sabotage-Fallen	61
6	**Sabotage-Fallen in der Praxis**	67
6.1	Welche Antreiber-Energie treibt Sie an? – Gebundene Energie befreien	67
6.2	Spirit of Energy anstelle von Antreiber-Sabotage-Fallen	68
	Hektiker oder der Träge (träger Charakter)? (Holzelement)	71
	Der Unermüdliche oder Null-Bock-Typ? (Feuerelement)	76
	Ja-Sager oder Verweigerer? (Erdelement)	81
	Perfektionist oder der Unverstandene? (Metallelement)	87
	Held oder Opfer? (Wasserelement)	92
7	**Fazit**	98
	Literaturverzeichnis	99
	Danke schön!	102
	Über die Autoren und ihre Arbeit	103

Überblick

Die menschliche Psyche und ihre Gedankenmuster sind oftmals unangenehme Leistungs-Saboteure. Auf welche Tricks die Psyche zurückgreift, wird in diesem Buch anhand von typischen Fallbeispielen anschaulich aufgezeigt. Sie werden angeleitet, hinderliche Gedankenmuster systematisch zu durchschauen, deren Kreisläufe zu durchbrechen und so Leistungen zu steigern und die persönlichen Erfolgschancen zu erhöhen.

Das Buch besteht aus zwei Teilen: Der erste Teil beinhaltet eine Einführung, den theoretischen Hintergrund aus psychologischer Sicht, Ursache und Entstehung von Selbstsabotage sowie verschiedene Auflösungskonzepte. Der zweite Teil ist praxisorientiert. Es wird aufgezeigt, wie Sie diese inneren, meist unbewussten Antreiber in den unterschiedlichen Situationen des Alltagslebens erkennen können. Gleichzeitig bietet der Praxisteil einen Leitfaden zur Bearbeitung und Auflösung der Sabotage-Fallen mit den Spirit of Energy-Karten.

Nach einer Einführung in das Thema geht es im zweiten Kapitel um die Begriffsdefinition der Sabotage-Fallen. Im Anschluss daran befassen wir uns näher mit unterschiedlichen Konzepten zur Betrachtungsweise von Sabotage-Fallen. Fallbeispiele zeigen mögliche Erscheinungsbilder und bieten eine Orientierungshilfe. Sie erfahren, was sich hinter der klassischen Sabotage-Falle in der energetischen Psychologie verbirgt und im Anschluss daran, warum Burnout, energetisch betrachtet, eine zerstörerisch wirkende Antriebsenergie ist. Es kommt auf die Dosis an: Eine übersteigerte Energie wirkt sabotierend auf unsere Lebenspläne. Abgeleitet von dem Antreibermodell der Transaktionsanalyse und den Gedanken der chinesischen Energielehre beschreiben wir diese Formen von Sabotage-Fallen genauer. Dabei beginnen wir mit den energetischen Kräften Yin und Yang und möglichen Auswirkungen auf das eigene Leben, wenn eine dieser Energien einseitig wiederholt angetrieben wird. Ein Blick auf den harmonischen Energiefluss rundet das Kapitel ab. Anschließend geht es um die Entwicklung von Sabotage-Fallen, die aufgrund eines zu hohen Maßes an Energie entstehen können, und ihre Erkennungsmerkmale.

Wir verfolgen das einfache Ziel, Ihnen als Leser ein nützliches Werkzeug in die Hand zu geben, um sich von möglicherweise entdeckten Sabotage-Fallen zu befreien. Dazu beschreiben wir zum einen die Strategien zur Auflösung der Sabotage-Fallen der energetischen Psychologie und zum anderen zeigen wir geeignete Wege auf, um sich aus dem Griff der Sabotage-Fallen zu lösen, die aufgrund überaktivierter antreibender Energien entstanden sind. Wie meistens im Leben, kommt es auf das rechte Maß an. Wir bedienen uns dazu der beiliegenden Karten, deren grundlegende Handhabung wir beschreiben und stellen ein Messinstrument vor, dass bei der eigenen Bearbeitung der überschießenden antreibenden Energien hilfreiche Dienste leisten kann.

Im darauf folgenden Kapitel „Sabotage-Fallen in der Praxis" gehen wir auf Details ein. Hier hat der Leser die Gelegenheit, seine eigenen überaktiven antreibenden Energien zu erforschen und kann diese in ihn unterstützende Energien transformieren.

Wir wünschen Ihnen eine spannende Reise zu den Wurzeln Ihres Lebens.

1 Einführung

Die meisten Menschen beschreiben ihre angestrebte Lebensqualität von Glück und Zufriedenheit mit Worten wie „gut gelaunt" und „gelöst", „fit", „körperlich und geistig entspannt". Die aktuelle gesellschaftliche Situation spiegelt jedoch das Gegenteil wider. Offenbar hat die Ära der analysierenden Ratio und verstandsorientierter, kognitiver Strategien und Methoden sowie aller nur denkbaren technischen Hilfsmittel zur Entscheidungserleichterung auf einen Irrweg geführt. Die Prognosen der WHO-Experten besagen, dass es in den nächsten Jahren eine weitere Zunahme stress- und angstbedingter Erkrankungen in den hoch entwickelten Industriestaaten geben wird. Sie vermuten, dass Überbelastung und Stress die größten Gesundheitsgefahren in diesem Jahrhundert sein werden. Dies findet sich auch in einer 2009 veröffentlichten Studie der Betriebskrankenkassen, die durch Überlastung und Stress verursachte Kosten in Höhe von 6,3 Milliarden Euro prognostizieren. Laut Bundesministerium für Arbeit und Soziales wurden Erwerbstätige im Jahre 2010 rund 54 Millionen Tage krankgeschrieben. Im Jahr 2011 veröffentlichte der DAK-Gesundheitsreport, dass 15,6 Prozent aller Arbeitsunfähigkeitstage in der Altersgruppe der 45- bis 49-Jährigen auf psychische Erkrankungen zurückzuführen sind. Dabei sei nicht die berufliche Belastung der arbeitenden Bevölkerung oder gar das fehlende Wissen von Änderungsmöglichkeiten als ursächlich zu verstehen. Vielmehr sehe man die ständig abnehmende Fähigkeit der Menschen in diesen Ländern, mit psychischen Belastungen umzugehen, als Hauptursache, trotz Intelligenz und Verstand.

> Es gibt mehr Schätze in Büchern als Piraten-Beute auf der Schatzinsel ... und das Beste ist, Du kannst diesen Reichtum jeden Tag Deines Lebens genießen.
>
> Walt Disney

Der Markt begegnet diesem Phänomen mit einer Vielzahl von Zeit- und Gesundheitsmanagementseminaren für optimale Zeitnutzung, Ziel- und Stressmanagement und die Entspannungs- und Freizeitindustrie boomt. Trotz all dieser Möglichkeiten fühlen sich immer mehr Menschen ausgebrannt und total erschöpft bis hin zum Burnout. Was steckt dahinter? Laut Gerald Hüther, Leiters der Zentralstelle für neurobiologische Präventionsforschung der Universitäten Göttingen und Mannheim-Heidelberg, leiden so viele Menschen an Stress, weil sie *„über zu geringe Ressourcen zur Stressbewältigung verfügen. Hierzu zählt eine unzureichende Fähigkeit zur Selbstregulation und zur Selbstreflexion, zu schwach entwickelte Kontrollüberzeugungen und Selbstwirksamkeitskonzepte, zu gering ausgebildete Frustrationstoleranz und Flexibilität. Bei vielen sind die Konfliktlösungskompetenz, die Planungs- und Handlungskompetenz und die Fähigkeit zur konstruktiven Beziehungsgestaltung nur unzureichend entwickelt. Diese Menschen erleben sich allzu leicht als ohnmächtig, als ausgeliefert und fremdbestimmt. Dieser Mangel an eigenen Ressourcen zur Stressbewältigung wird noch enorm verstärkt durch einen hohen Erwartungsdruck, durch eigene unrealistische Vorstellungen und durch einen Mangel an kohärenten, Sinn stiftenden und Halt bietenden Orientierungen".* Diese Qualitäten zu entwickeln wird als Grundlage eines glücklichen und gesunden Lebens in der heutigen Zeit verstanden. Es scheint also nicht darum zu gehen, immer mehr in immer kürzerer Zeit zu bewältigen oder zu optimieren, und das auch in der Freizeit. Im Vordergrund sollten die individuelle Entschleunigung, die Präsenz und Achtsamkeit, lustvolles forschendes Lernen und Sich-reflektieren, eine neue Art des Dialogs mit sich selbst stehen.

Das zu erreichen könnte so einfach sein: Jeder Mensch kommt mit zwei Grundbedürfnissen auf die Welt – der Verbundenheit sowie dem Willen zu wachsender Autonomie.

Verbundenheit bedarf der Fähigkeit zu konstruktiver Beziehungsgestaltung, was die Fähigkeit zu Konfliktlösungen beinhaltet sowie Flexibilität und Frustrationstoleranz. Um Autonomie leben zu können braucht es die Fähigkeit der Selbstreflexion, eine Selbstwirksamkeitserwartung und eine gesunde Überzeugung. Wir sind davon überzeugt, dass eine Stärkung dieser Grundlagen sich als ein optimaler Schutzschild für alle Widrigkeiten des Lebens erweisen kann. Es sind Garanten für ein gesundes Lebenskonzept.

> Gewöhnlich leben wir mit einem auf das Minimum reduzierten Teil unseres Wesens, die meisten unserer Fähigkeiten wachen gar nicht auf, weil sie sich in dem Bewusstsein zur Ruhe begeben, dass die Gewohnheit schon weiß, was sie zu tun hat, und ihrer nicht bedarf.
>
> Marcel Proust

Es ist die Gewohnheit, die zur Vernachlässigung dieser Grundlagen führt. Sie hat viele gute Seiten und hilft uns, das Leben zu managen. Man kann sich dies als Bibliothek vorstellen, in der für fast jede Lebenssituation, die erfahren wurde, eine Handlungsanweisung zu finden ist. Und dann macht man es halt so und hinterfragt dies nie mehr. „Es ist so", und man ist sich auch sicher, „daran kann ich nichts ändern". Es gilt, sich seiner Gewohnheitsmuster bewusst zu werden und hindernde, unliebsame, sabotierende Muster zu entdecken und zu durchbrechen *„Hirntechnisch können kreative Lösungen also nur dann gefunden werden, wenn es einem Menschen gelingt, sehr viele, sehr verschiedene und bisher voneinander getrennt abgelegte Wissens- und Gedächtnisinhalte gleichzeitig wachzurufen und die für die Aktivierung dieser Inhalte erforderlichen regionalen Netzwerke auf eine neue Weise miteinander zu verknüpfen. (...) Man kann aber keinen Menschen motivieren, sein kreatives Potential zu entfalten, man kann ihn dazu nur einladen, ermutigen, vielleicht auch inspirieren."* (Hüther 2011, S. 179-181).

Ziel des Buches ist es, Ihnen einen Raum zu schaffen, eine Metaebene oder präziser beschrieben: Ihre Lernbühne, auf der Sie Ihr neues Denken, Fühlen, Handeln und Verhalten üben können. Wir bedienen uns dazu der beiliegenden Karten als Kompass zu Ihren inneren Energiequellen, um Sie auf diese kreative Weise einzuladen, zu ermutigen und zu inspirieren, auf allen Ebenen Ihres Seins sich auf eine neue Weise zu verknüpfen und etwaige Sabotage-Fallen zu lösen. Dies beinhaltet die Aktivierung des Körpers, der emotionalen und mentalen Zentren sowie der intuitiven Kreativitätskraft und der energetischen Intelligenz. So können die Erfahrungen nachhaltig in Form von neuronalen Verschaltungsmustern im Gehirn verankert werden. Die Karten vermitteln Prinzipien der Natur als Orientierungsrahmen und können als Dekodierung der energetischen „Sprache" in Worte, Bilder und Farben verstanden werden. Die gewählten Texte und Bilder der beiliegenden Karten wirken tief entspannend auf das Nervensystem und mobilisieren das Immunsystem und die körpereigenen Selbstheilungskräfte. Weitere Informationen zur Handhabung der Karten finden Sie in Kapitel 5.3.

Ziel ist das Erleben eines nachhaltigen Wohlgefühls, das sich ausbreitet und die eigene Stressresistenz erhöht. Die Ideen können jeden Tag aufs Neue genutzt und so die eigene Präsenz im Alltag gestärkt werden. Eine solche Präsenz ist als eine körperlich-energetische Qualität der Wachheit, Beweglichkeit und Lebendigkeit, des bewussten, aktiven Kontakts, des empathischen Zugewandtseins sowie der Akzeptanz der jeweiligen Situation und der zugehörigen Menschen zu verstehen.

So können die eigenen Grundbedürfnisse gelebt werden und Gesundheit erhalten werden. Gesundheit verstehen wir als die Fähigkeit, auf beständige innere wie äußere Einflüsse, auf Erschütterungen, Höhen und Tiefen fließend – im Notfall blitzschnell – zu reagieren, loslassen zu können, offen zu bleiben und Ruhe zu bewahren – stete Veränderung im Fluss des Lebens – resilient oder noch besser: robust sein.

Gilt dies für Einzelpersonen, so kann auch ein ganzes Team davon profitieren. In Teams besitzt das Vorhandensein einer gemeinsamen Präsenz die Fähigkeit, das Energiefeld zu verstärken und so die Voraussetzungen für das Erreichen einer kollektiven Spitzenleistung zu erhöhen. Gemeinsame Präsenz meint den Einsatz jedes Einzelnen, den Zusammenhalt im Team und eine offene Kommunikation untereinander und ist die Grundbedingung dafür, dass Dialog stattfinden kann. Wie kann man sich einen präsenten Menschen vorstellen?

> Man kann einen Menschen nichts lehren, man kann ihm nur helfen, es in sich selbst zu entdecken.
>
> Galileo Galilei

Eine präsente Person hört in der Teamsitzung seinen Kollegen zu. Dabei hört er nicht nur, was sein Kollege sagt, sondern nimmt auch dessen Blick und Gesten auf, ohne abzuschweifen. Seine Kollegen fühlen sich von ihm gesehen und geachtet. Gleichzeitig hält er den Kontakt zu seinen eigenen aktuellen Gedanken und Gefühlen aufrecht. Diese aktive Kommunikation in beide Richtungen – innen und außen – lässt ihn höchst aufmerksam und aufnahmefähig werden. Eine Grundlage für Flow.

Ein fruchtbarer Dialog entsteht im Raum zwischen den Menschen, wenn ein kollektives Flowgefühl entsteht, das neue Bedeutungen und überraschende Einsichten möglich macht. Destruktive antreibende Energien und Sabotage-Fallen, die unbewusst in Teams wirken, verhindern diese Prozesse, indem sie auf subtile Art und Weise alles unterstützen, was wirkliche Veränderung verhindert, damit weiterhin das getan werden kann, was man immer getan hat. Dies zeigt sich dann häufig als Höflichkeit, Einigkeit und stillschweigende Anerkennung von Hierarchien. Das Hervorbringen von Neuem wird verhindert.

Die Ideen in diesem Buch sowie das Spirit of Energy-Konzept dienen einer optimalen, potenzialorientierten Veränderung, auch und gerade im beruflichen Umfeld. Wir gehen neue, so noch nicht gedachte Wege, um Menschen wieder mit ihren ureigenen, natürlichen Kräften in Verbindung zu bringen, Kreativität zu aktivieren und Potenziale zu entfalten mittels aller zugrundeliegenden Energie. Dabei gehen wir ganz bewusst in unserer praktischen Herangehensweise wie auch mit unserer theoretischen Position neue Wege.

War das 20. Jahrhundert von der Industrialisierung geprägt, manche nennen es auch das Maschinenzeitalter, in der es für den Menschen darauf ankam perfekt, schnell, und jederzeit zu funktionieren, eben wie diese Maschinen. Eigenes Denken und Kreativität störte in den überwiegenden Bereichen der Arbeitswelt den Arbeitsablauf. So wurde der Mensch dazu erzogen, die Verantwortung für sich, auch für seine Gesundheit, denn auch hier übernehmen maschinengestützte Diagnoseverfahren die Oberhand, an andere „Experten" abzugeben. Mit dem Ende

> Ein Mann mit einer neuen Idee ist ein Narr – so lange, bis die Idee sich durchgesetzt hat.
>
> Mark Twain

des vergangen Jahrhunderts wandelte sich die Welt. Die Maschinen haben vielfach die Arbeit der Menschen übernommen, da sie diese fehlerfreier, schneller und damit kostengünstiger erledigen konnten. Gleichzeitig entwickelte sich die digitale Welt immer schneller weiter. Unternehmen arbeiten heute z.B. auf verschiedenen Kontinenten gleichzeitig in einem „digitalen" Team an einem Projekt. Plötzlich wird Kreativität, Flexibilität, eigenständiges Denken und Fehlermanagement zum Wettbewerbsvorteil. Alles Faktoren, die noch vor wenigen Jahren als gravierender Nachteil im Konkurrenzkampf angesehen wurden. Darauf wurde aber der Mensch in Familie, Schule und Arbeitswelt nicht vorbereitet. Hier wurde und wird vielfach heute noch mit Mitteln des 20. Jahrhunderts gehandelt. Dies führt zu den Folgen, die die WHO beschreibt. Der bewusste Umgang mit dem eigenen Leben, die Verantwortung für die eigenen Schritte wieder selbst in die Hand zu nehmen, Entscheidungen zu treffen und dazu zu stehen und wenn die Notwendigkeit erkannt wird, diese Entscheidungen auch selbstbewusst zu korrigieren, Prioritäten zu setzen und ein konsequentes Handeln sind daher die Herausforderungen, die das Leben im 21. Jahrhundert den Menschen auferlegt. Stellt der Mensch sich dieser Herausforderung, kann er seinen Alltag weitestgehend stressfrei gestalten und kommt zu mehr Lebensqualität und Genuss.

Nun kann man einwenden, dass viele Menschen jeden Tag Entscheidungen treffen und Verantwortung für sich übernehmen, aber trotzdem Ihre Ziele nicht erreichen. In der Welt des 21. Jahrhunderts geht es nicht mehr darum, gegen irgendjemanden etwas zu gewinnen, sondern darum innere, individuell angestrebte Lebensziele zu erreichen. Dafür reicht es nicht aus, wenn es nur einen Sieger gibt, nur einer Weltmeister wird, denn diese Ziele sollte jeder für sich erschließen können. Viele Menschen sabotieren sich aber, oft wider besseren Wissens ständig selbst, legen selbstzerstörerisches Verhalten an den Tag oder handeln widersprüchlich, und gleichzeitig schreit alles in ihnen nach Hilfe. Ein solches Erscheinungsbild deutet auf eine Sabotage hin. Dieser Mensch ist energetisch ausgebremst und das nicht selten auf vielfältige Art und Weise. Diese, sich in nie hinterfragten Gewohnheitsmustern und tiefen Kernüberzeugungen äußernden Sabotage-Fallen wirken so lange, wie sie unbewusst ablaufen.

Berater, Coach und Trainer erleben dieses Phänomen, wenn trotz sorgfältiger Begleitung und Berücksichtigung aller wesentlichen Aspekte das Ziel mit dem Klienten einfach nicht erreicht werden kann und sich immer wieder unüberwindbar erscheinende Hürden auftun.

> Wir haben die Gewohnheit, Gewohnheiten zu haben. Die Gewohnheit, Gewohnheiten zu haben ist gut, aber einige Gewohnheiten können schädlich sein.
>
> Ralph Abraham

Seit Mitte der 90er Jahre des letzten Jahrhunderts eröffnete die Energetische Psychologie eine neue Möglichkeit, sich schnell und ohne tiefe Gefühlstäler zu durchwandern, der sabotierenden Glaubensmuster bewusst zu werden und diese zu bearbeiten. Diese Phänomene werden als „psychische Umkehrungen (PU)" bezeichnet. In unserer Arbeit konnten wir viele Klienten mit Hilfe der Auflösung dieser sabotierenden Energien in wieder stärkende Energie zu Ihren Zielen begleiten. Dabei trifft der Begriff psychische Umkehrungen für uns nicht wirklich den Kern dessen, was hier passiert. Im weiteren Verlauf sprechen wir daher von Sabotage-Fallen vor dem Hintergrund der energetischen Psychologie.

Dazu einige Beispiele:

Der junge Mann, der mit dem Rauchen aufhören möchte, sich genau überlegt hat, wann die letzte Zigarette geraucht werden soll, der genauestens über die negativen Folgen des Rauchen informiert ist und diese auf keinen Fall erleben möchte. Und trotzdem beginnt er nach kurzer Zeit wieder mit dem Rauchen, hat dabei ein schlechtes Gewissen und fühlt sich diesbezüglich als Versager.

Oder die Büroangestellte, die seit langer Zeit unter ihrer Arbeitsbelastung leidet und bemerkt, dass diese sie auf Dauer krank macht. Sie hat sich auf das Gespräch mit ihrem Vorgesetzten gut vorbereitet, ihre Argumente wohl überlegt. Doch als es dann soweit ist, schafft sie es nicht, gegenüber ihrem Chef ihre Argumente darzustellen und übernimmt am Ende sogar noch eine weitere Aufgabe.

Oder der Student, der sehr viel Zeit ins Lernen investiert, sich klare Lernziele steckt, seine Lernzeiten genau plant und trotz besseren Wissens und aller Planung sich dann doch verzettelt, immer wieder andere Dinge als „wichtig" vorschiebt und dann die Prüfung nicht schafft.

Diese Reihe von anscheinend selbst verursachtem Leid und sich immer wieder selbst „ein Beinchen stellen", könnte anhand zahlreicher Beispiele aus unserem Erfahrungsschatz mit Klienten und Seminarteilnehmern fortgesetzt werden. Es ist ein Phänomen, das schon viele Menschen verzagen ließ.

Unsere Auseinandersetzung mit dem Phänomen dieser Sabotage-Fallen ließ uns eine weitere Form von Sabotage-Fallen aufdecken, jene, die für uns eindeutig im Zusammenhang mit dem Gefühl des Ausgebranntseins und der Überforderung sowie vieler Stresssymptome stehen. Alleine oder sogar gekoppelt mit den bereits in der energetischen Psychologie verwendeten Sabotage-Fallen verhindern sie den „positiv" wirkenden Energiefluss im Menschen und sabotieren jede Potenzialentfaltung. Im Gegenteil, Selbstwirksamkeitserwartung, Gestaltungslust und Entdeckerfreude rücken in weite Ferne und der Mensch verliert seine Lust am Lernen und Handeln.

Zeichneten sich die bisherigen Sabotagemuster dadurch aus, dass die Handlung des Menschen entgegen seiner formulierten Absicht oder seines Wunsches gerichtet ist, kann bei dieser Form der Sabotage-Falle, die wir vor dem Hintergrund der Transaktionsanalyse sowie der chinesischen Energielehre betrachteten, eine übersteigerte Antriebsenergie bemerkt werden. Wir sprechen von einer Dysbalance der antreibenden Energie. Dann wird z.B. aus der stärkenden Kraft, eine Sache schnell, kraftvoll, achtsam, richtig und sicher zu erledigen, eine den Menschen sabotierende Energie. Sie lässt eine permanente Unzufriedenheit, Unlust und Erschöpfung zurück, denn alles schnelle Tun, kraftvolle Umsetzen, sich kümmern um andere, das Perfektionsstreben und Durchhalten und Weitermachen, obwohl man eigentlich nicht mehr kann, reicht nicht.

Wie kann man sich das vorstellen?

Hier geht es um den Büroangestellten, der immer in Hektik, immer in Eile ist. Nichts kann er in Ruhe erledigen. Er ist derjenige, der immer drei Sachen gleichzeitig macht. Seine Kollegen wissen oft gar nicht, welchen von seinen vielen Projekten er gerade hinterherrennt. Aufgaben, die ihm übergeben wurden, werden schnell erledigt und doch ist er nie mit sich selbst zufrieden.

Oder um jene Unternehmerin, für die alles eine große Anstrengung darstellt. Für sie ist jeder Auftrag eine Last, die sie aber unermüdlich auf sich nimmt. Sie ist erfolgreich, spürt aber eigentümlicherweise nur dann ein Erfolgsgefühl, wenn sie sich bis zur völligen Erschöpfung verausgabt hat. Ein leicht errungener Erfolg ist kein Erfolg. Aber auch um den Lehrer, der nicht „Nein" sagen kann. Er möchte es allen und jedem Recht machen: den Schülern, die keine Lust zum Lernen haben, und denjenigen, die vor Lernlust fast bersten; den Eltern, die sich über alles beschweren, und denen, die er eigentlich gar nicht kennen würde, wenn er sich nicht selbst um den Kontakt bemühen würde; seinen Kollegen, denen er zu engagiert ist, und auch denen, die noch mehr Engagement von ihm verlangen. Natürlich auch den Lehrplänen und seinen ganz individuellen Vorstellungen von guter Schulbildung. Bei alledem wird er das Gefühl nicht los, sich in einem Hamsterrad zu befinden und zerrissen zu werden. Er fühlt sich manchmal ausgenutzt, gibt den Umständen die Schuld und sagt dann doch wieder „Ja", weil er das Gefühl, gebraucht zu werden, nicht missen kann.

Und um den Schriftsteller, der seit Jahren an seinem neuen Fachbuch arbeitet. Er ist ein Könner auf diesem Gebiet und möchte sein Wissen gerne weitergeben. Sein Manuskript überarbeitet er schon mindestens das zehnte Mal und er findet immer wieder noch etwas Unklares, etwas, das man besser beschreiben könnte. Es quält ihn, dass er nicht fertig wird, zumal er auf einem Gebiet schreibt, indem sich vieles weiterentwickelt. So muss er seine Manuskripte immer wieder nachbessern. Es ist ihm klar, dass er endlich fertig werden sollte, aber er möchte nicht wieder die Erfahrung machen wie bei seinen beiden ersten Büchern. Diese kann er sich nicht mehr anschauen und er wird auch nicht gerne darauf angesprochen, weil er im Nachhinein einiges anders schreiben würde. Dabei hilft es ihm nicht, dass die beiden Bücher in Fachkreisen hoch gelobt werden, denn er weiß ja, was er hätte besser machen können.

Und um den guten Freund, der immer ein offenes Ohr für die Sorgen anderer hat. Er ist auch dann noch ansprechbar, wenn es ihm selbst richtig schlecht geht. Er hält durch und redet kaum über seine eigenen Sorgen. Da muss er durch, da ist er stark. Eigentlich würde er sich gerne auch einmal anlehnen können, aber das macht man nicht.

In den genannten Beispielen handelt es sich um jene Sabotage-Fallen, in die der Mensch hineingeraten kann, wenn seine ihn antreibende Energie aus dem Gleichgewicht gerät. Sie können als überschießende Energie oder systemisch betrachtet, als übergriffige Anteile des Menschen verstanden werden, deren Eigenleben dazu führt, dass das Handeln, Denken, Fühlen und selbst das Bauchgefühl davon kontaminiert werden. Die Zuordnung wird dadurch erleichtert, dass wir diese Energie personifizieren und die verschiedenen Ausprägungen entsprechend ihrem jeweiligen Erscheinungsbild benennen:

- der Hektiker (Beeil Dich),

- der Unermüdliche (Streng Dich an/Gib Dir Mühe),

- der Ja-Sager (Mach es allen recht),

- der Perfektionist (Sei perfekt),

- der Held (Sei stark).

Es ist möglich, dass sich nicht nur eine, sondern mehrere dieser Persönlichkeitsqualitäten zeigen. Wird ein „gesundes Maß" überschritten, kann sich eine Leistungsspirale in Gang setzen. Betroffene erleben sich dann wie in einem Hamsterrad und verspüren keine wirklichen Zufriedenheitsmomente mehr. Aufgrund eines zu hohen oder zu geringen Maßes an Energie entsteht ein Ungleichgewicht hinsichtlich der menschlichen Grundbedürfnisse des Sich-verbunden-fühlens und des Strebens nach weitreichender Autonomie. Die jeweilige Qualität dieser Energien ist ursächlich dafür, ob im optimalen Zustand ein Flow-Zustand erreicht werden kann, oder ob sich die Extreme realisieren: im übersteigerten Sinn der Burnout-Zustand, bei einem zu geringen Maß an Energie der Boreout-Zustand, das Gegenstück zum Burnout. Es kommt auf die Dosierung an, ob der Mensch diese Energie stärkend oder sabotierend in seiner Arbeit und im Lebensalltag nutzen kann. Unsere Erfahrung zeigt, dass bereits die bewusste Auseinandersetzung mit dieser natürlichen Kraft in uns zu ersten positiven Veränderungen führen kann.

2 Was sind Sabotage-Fallen?

Unter dem Begriff Sabotage-Falle wird eine geheim gehaltene Untergrabung und Zerstörung einer bestehenden Ordnung verstanden. Die Betroffenen wissen nichts von der geheimen Untergrabung ihrer Ziele oder Handlungen.

Sabotage-Fallen hindern den Menschen daran, Lösungen zu erkennen oder umzusetzen, selbst wenn er das Wissen und die Fähigkeit dazu hat. Es handelt sich hierbei um unbewusst ablaufende, innere energetische Prozesse, die zu einer bestimmten Handlung führen, die weder auf körperlicher, emotionaler, kognitiver noch unbewusster Ebene erwünscht ist. Energetisch betrachtet ist das Energiesystem des Menschen sabotiert.

Es gibt verschiedene Theorien und Ansätze, die sich mit dem Phänomen der Selbstsabotage beschäftigen. Bei „leichteren" Formen wird der innere Saboteur je nach Konzept benannt mit „innerer Schweinehund", „Günther", „Bodyguard" und die „Bremse in uns selbst". Aus Sicht der Psychologie kann Selbstsabotage jedes beliebige Ausmaß annehmen und bis hin zu selbstzerstörerischem Handeln führen wie beispielsweise schwerwiegenden Essstörungen, Selbstverletzung oder gar Selbstmord.

Nachfolgend werden Sabotage-Fallen anhand von zwei Konzepten dargestellt: dem der energetischen Psychologie und dem in diesem Buch erstmals vorgestellten Konzept der Antreiber-Sabotage-Fallen. Wir entwickelten es vor dem Hintergrund der Antreibertheorie der Transaktionsanalyse und der chinesischen Energielehre.

Frau S. ist eine engagierte Abteilungsleiterin. Sie möchte sich seit Jahren selbstständig machen, jedoch „kommt ihr immer wieder etwas dazwischen". Entweder ist gerade ein neues Projekt angelaufen, da kann sie nicht einfach kündigen, oder ihre wichtigste Mitarbeiterin wurde krank und sie musste einige zusätzliche Aufgaben übernehmen. Sie fühlt sich zunehmend frustrierter je länger sich ihre Entscheidung hinauszögert. Ihre Leistungen lassen nach, so dass ihr Vorgesetzter schon mehrmals um mehr Konzentration gebeten hat. Zweimal schon hat sie Gespräche mit ihrem Vorgesetzten geführt, mit dem

Ziel zu kündigen. Immer wieder endeten die Gespräche damit, dass sie noch zusätzliche Aufgaben übernommen hat. Vollkommen frustriert fällt es ihr jeden Tag schwerer, zur Arbeit zu gehen.

Es ist eine geheime, unbewusste Untergrabung, wenn ein Mensch wiederholt erlebt, wie er wider besseren Wissens das Gegenteil von dem tut, was er eigentlich vorhat. In der energetischen Psychologie werden diese Sabotage-Fallen als psychische Umkehrungen definiert. Sie wirken gegensätzlich zu dem, was die Person möchte.

Sabotage-Fallen können auch in Form von übersteigerter Antriebsenergie auftreten. Diese Sicht auf Sabotage-Fallen liefert die aus der Transaktionsanalyse entwickelte Theorie der Antreiber:

Schauen wir zu Frau T, ebenfalls eine Abteilungsleiterin. Frau T. ist eine sehr engagierte Frau, der keine Arbeit zu viel zu sein scheint. Ihre Projekte werden grundsätzlich pünktlich zum Abschluss gebracht. Dafür arbeitet sie auch schon mal rund um die Uhr. Ihre Mitarbeiter schätzen und fürchten gleichzeitig ihre scheinbar nie versiegende „Power" (Kraft, Macht, Energie), die auch schon mal dazu führt, dass sie ungerecht und aufbrausend wird, wenn etwas nicht so läuft, wie sie es sich vorgestellt hat. Nebenbei hat sie sich als Business-Coach selbstständig gemacht. Um dafür Zeiten frei zu schaufeln, beginnt sie in der Firma jeden Morgen um 6 Uhr und arbeitet, meist ohne Pause, bis ca. 15 Uhr. Ab 16 Uhr sitzt sie in ihrer Praxis und nimmt Termine auch noch nach 20 Uhr an. Obwohl ihre Vorgesetzten und auch Ihre Coachees sich sehr zufrieden mit Ihren Leistungen zeigen, hat sie selbst das Gefühl, nichts wirklich richtig zu machen. Ständig findet sie einen Kritikpunkt, etwas, was sie nun wirklich hätte besser machen können. Eines Tages wird sie mit einem vollkommenen Erschöpfungssyndrom in die Klinik eingewiesen.

Hier zeigt sich eine permanente Unterwanderung und letztlich auch eine Verringerung der eigenen Lebensqualität. Das eigene Anspruchsdenken und die Erwartungshaltung an sich selbst wird idealisiert. Ein daraus entwickeltes Ziel kann nur frustrieren und demotivieren. Das Ziel ist einfach nicht erreichbar.

Die Pioniere der Energetischen Psychologie, der Psychiater John Diamond und die Psychologen Roger Callahan sowie Fred P. Gallo verstehen das Phänomen der psychischen Umkehrung als Veränderung der Flussrichtung der Lebensenergie. Gemäß der chinesischen Energielehre fließt die Lebensenergie in Energiebahnen, den Meridianen, wie das Blut in den Blutbahnen fließt. Ist der Mensch gesund, fließt die Energie frei. Im Falle einer psychischen Umkehrung entfernt sie sich von dem Punkt, an dem sie gebraucht wird, so Diamond (Körpermoralität). Dabei wirkt sich die Umkehrung des Energieflusses in allen Bereichen des Menschen aus, wie beispielsweise in Hormonen, Neurotransmittern (Botenstoffen), Kognitionen, sensorischer Wahrnehmung, Emotionen und beeinflusst deren Qualität.

Wird der Energiefluss gestört – also durch einen Reiz, wie beispielsweise Worte, Emotionen, Bilder, körperlichen Kontakt oder Farbe, in seiner bestehenden Ordnung behindert und „umgekehrt" –, ist dies nicht nur ein psychischer Vorgang. Es ist eine Sabotage im Energiesystem mit entsprechenden Auswirkungen auf die verschiedenen Bereiche. Spürbar nach außen wird die psychische Umkehrung meistens in ihren negativen Auswirkungen auf das eigene Handeln und Verhalten und letztlich auch auf das Selbstbild.

Ich bin ich

Auf der ganzen Welt gibt es niemanden wie mich. Es gibt Menschen, die mir in vielem gleichen, aber niemand gleicht mir aufs Haar. Deshalb ist alles, was von mir kommt, mein Eigenes, weil ich mich dazu entschlossen habe. Alles, was mit mir zu tun hat, gehört zu mir. Mein Körper, mit allem was er tut, mein Kopf, mit allen Gedanken und Ideen, meine Augen, mit allen Bildern, die sie erblicken, meine Gefühle, gleich welcher Art – Ärger, Freude, Frustration, Liebe, Enttäuschung, Begeisterung. Mein Mund und alle Worte, die aus ihm kommen, höflich, lieb oder schroff, richtig oder falsch. Meine Stimme, laut oder leise, und alles, was ich mir selbst oder anderen tue. Mir gehören meine Phantasien, meine Träume, meine Hoffnungen, meine Befürchtungen, mir gehören all meine Siege und Erfolge und all meine Niederlagen und Fehler.

Weil ich mir ganz gehöre, kann ich mich näher mit mir vertraut machen. Dadurch kann ich mich lieben und alles, was zu mir gehört, freundlich betrachten. Damit ist es mir möglich, mich voll zu entfalten.

Ich weiß, dass es einiges an mir gibt, das mich verwirrt, und manches, das ich noch gar nicht kenne. Aber solange ich freundlich und liebevoll mit mir umgehe, kann ich mutig und hoffnungsvoll nach Lösungen für Unklarheiten schauen und Wege suchen, mehr über mich selbst zu erfahren.

Wie auch immer ich aussehe und mich anhöre, was ich sage und tue, was ich denke und fühle, immer bin ich es. Es hat seine Berechtigung, weil es ein Ausdruck dessen ist, wie es mir im Moment gerade geht. Wenn ich später zurückschaue, wie ich ausgesehen und mich angehört habe, was ich gesagt und getan habe, wie ich gedacht und gefühlt habe, kann es sein, dass sich einiges davon als unpassend herausstellt. Ich kann das, was unpassend ist, ablegen und das, was sich als passend erwiesen hat, beibehalten und etwas Neues erfinden für das, was ich abgelegt habe.

Ich kann sehen, hören, fühlen, denken, sprechen und handeln. Ich besitze die Werkzeuge, die ich zum Überleben brauche, mit denen ich Nähe zu anderen herstellen und mich schöpferisch ausdrücken kann, und die mir helfen, einen Sinn und eine Ordnung in der Welt der Menschen und der Dinge um mich herum zu finden.

Ich gehöre mir und deshalb kann ich aus mir etwas machen.

Ich bin ich und so, wie ich bin, bin ich ganz in Ordnung.

Virginia Satir

2.1
Sabotage-Fallen in der energetischen Psychologie

Das Phänomen der Energie-Umkehrung ist nicht neu; bereits Freud beschrieb vor ca. 100 Jahren ähnliche Erscheinungsbilder in seiner Widerstandstheorie. Während Freud seine Klienten auf die Couch legte und viele Therapiestunden mit Hilfe freier Assoziation auf das selbstständige Auftauchen dieser Blockaden wartete, führten die Therapeuten John Diamond (Begründer der Behavioral Kinesiology) und Roger J. Callahan (Begründer der Thought Field Therapy) eine neue Ära in diesem Bereich ein, die deren Schüler, der Psychologe Fred Gallo weiter ausdifferenzierte und in ein komplexes Diagnostik- und Therapiekonzept einband.

Die Umkehrung der Körpermoralität

Der Psychiater John Diamond war Präsident der International Academy of Preventative Medicine (IAPM) in den Vereinigten Staaten und verwurzelt in der psychoanalytischen Tradition (Ansatz Melanie Klein). Durch seinen Kontakt zu dem Chiropraktiker und Begründer der Angewandten Kinesiologie (AK) George Goodheart setzte er sich intensiv mit dessen Methoden auseinander. Mit dem dort üblichen Muskeltest, einem körpereigenen Feedbacksystem, konnte er viele psychoanalytische Prinzipien in seiner Praxis verifizieren. Er entwickelte eine neue Sicht, weg von der Analyse des Problems hin zu dem Gleichgewicht oder Ungleichgewicht der Lebensenergie. Diamonds Begriff Lebensenergie oder Geist (Spirit) verstand er synonym mit dem chinesischen Begriff Chi, dem indischen Prana, dem Achaeus von Paracelsus und dem Vis medicatrix naturae von Hippokrates. Er erkannte, dass die Lebensenergie mit Hilfe von Affirmationen zu den Themen der Energiebahnen (Meridiane der Chinesischen Medizin) gestärkt wird. Ebenso kann die Lebensenergie durch stressreiche Gedanken oder Gefühlen gemindert werden.

Als besonderes Problem bezeichnete er die von ihm benannte „umgekehrte Körpermoralität". Wenn die Körpermoralität umgekehrt ist, kann keine Heilung oder Therapie erfolgreich sein. In dem Fall entfernt sich die Lebensenergie von dem Punkt, an dem sie gebraucht wird (Ähnlichkeiten mit Freuds Thanatos-Konzept, so Gallo 2000, S. 125). Er testete das Energiesystem mit Hilfe eines Provokationstests, wobei er den Klienten die Sätze aussprechen ließ: „Ich will gesund sein" versus „Ich will krank sein" und gleichzeitig mit dem Muskeltest prüfte. Wichtig zur Diagnostik der Körpermoralität war, ob dieser Testsatz den Körper schwächte oder ob er keine negativen Auswirkungen auf die Kraft des Körpers hatte. Reagierte der Muskeltest schwach bei dem Wunsch, gesund zu bleiben, und stark bei dem Wunsch nach Krankheit, lag eine Umkehrung der Körpermoralität vor. Er definierte dies folgendermaßen: *„In diesem Fall scheint es, als hätten sich die Warnlichter verkehrt, als seien die roten grün und die grünen rot geworden. In diesem Zustand kann jemand bei Hass stark und bei Liebe schwach testen. Dem Problem wird keine Energie zugeführt. Im Gegenteil, Energie wird aktiv daran vorbeigeleitet. So kann keine Heilung eintreten"* (Diamond 1991, S. 31, dt. Ausgabe). Zur Korrektur der Umkehrung setzte er Nahrungsergänzungsmittel (Ribonukleinsäure in Verbindung mit Cholin und Inositol) ein (Gallo 2002, S. 129). Mehr Informationen zu der Arbeit von Diamond finden Sie in seinen Büchern „Der Körper lügt nicht" und „Die heilende Kraft der Emotionen".

Psychische Umkehrungen sind Polaritäten-Umkehrungen

Der amerikanische Psychologe Roger Callahan, Experte kognitiver Therapien sowie anerkannter Hypnotherapeut und Mitglied der American Society of Clinical Hypnosis, nutzte zunächst die Therapielokalisierung von Diamond. Anfang der 1980er Jahre integrierte er sie dann in seiner Thought Field Therapie. Er initiierte eine neue Bewegung in der Psychotherapie, indem er Energie und das Energiesystem eines Menschen im Sinne der chinesischen Energielehre als Basis seines psychotherapeutischen Ansatzes nutzte. Mittels einfacher, schmerzfreier Möglichkeiten konnte er leidvolle Erinnerungen und psychische Belastungen erträglicher machen oder sie gar zum Verschwinden bringen. Vehement trat er dabei für eine grundlegend neue Sichtweise in der Psychotherapie ein: *„Meiner Meinung nach sind die meisten der heute üblichen therapeutischen Verfahren zur Behandlung von Traumata, die mit dem erneuten Durchleiden und Durchleben der negativen emotionalen Erfahrungen arbeiten, schädlich und per se Trauma auslösend"* (Callahan/Callahan 2001, S. 15).

Callahans Arbeit gründet auf der Idee, dass alles aus Energie besteht, in unterschiedlichsten Formen und Zuständen, wie beispielsweise der Körper, die Gefühle, zwischenmenschliche Kommunikation, der Mensch und natürlich auch jeder Gedanke. Energie ist die alles bewegende Kraft. Gedanken werden so verstanden, dass sie sich zu sogenannten Gedankenfeldern (Thought Field – TF) verdichten, die eine große Menge an Informationen beinhalten. Ein Gedankenfeld kann auch eine Störung (Pertubation – P) enthalten, die als Einheit im Gedankenfeld existiert. Er vermutete, *„dass Störungen im Gedankenfeld eine Unterbrechung im Energiesystem bewirken, was wiederum zu störenden Veränderungen im Bereich der Neurologie, der Neurotransmitter, der Hormone und der Kognitionen führt."* (Gallo 2000, S. 140). Bei der Weiterentwicklung der Umkehrung der Körpermoralitäten von Diamond stieß er auf das Phänomen der psychischen Umkehrung. Das Auffinden und die Auflösung der psychischen Umkehrung beschreibt Callahan als seine größte Entdeckung, wodurch er *„... seine Erfolgsrate bei vielen psychischen Problemen auf mehr als 95 Prozent erhöht habe"* (Gallo 2000, S. 148).

Zunächst verstand Callahan eine psychischen Umkehrung als Metapher für die offensichtliche Perversion eines Systems. Sie zeigte sich in Form der Selbstablehnung, der „Verneinung" oder als Zustand der Verwirrung. Hier funktionierte die Motivation genau entgegengesetzt von dem, wie sie sein sollte (Callahan/Perry 1991, S. 41). Er bezeichnete es als psychische Umkehrung.

Jahre später entdeckte Callahan, dass im Zustand der psychischen Umkehrung tatsächlich eine Umkehrung von Polaritäten vorliegt. Inspiriert durch die Arbeit des Biologen Harold Saxon Burr, Wissenschaftler an der Yale University, in den 1940er Jahren und dessen Schüler Louis Langman, Professor für Gynäkologie an der New York University, kam Callahan zu der Auffassung, dass die elektrischen Pole innerhalb der Energiebahnen des menschlichen Energiesystems tatsächlich umgekehrt sein können und dass dadurch der Mensch an der Umsetzung seiner Absichten gehindert bzw. sabotiert wird.

Ausgehend davon, dass Leben Energie benötigt, jedes Wachstum und jede Entwicklung einer Kontrolle unterliegt und sich ausrichtet, nutzten Burr und Langman die elektrische Eigenschaft aller Dinge, um die jeweilige Ausrichtung messen zu können. Mit Hilfe eines speziellen Voltmeters stellten sie bei ihren Untersuchungen fest, dass jede Zelle polarisiert ist und mittels des Messens der Polarität von krebskranken und gesunden Frauen entdeckten sie eine Polaritäten-Umkehrung in den Zellen der erkrankten Probandinnen (Burr 1972 sowie Callahan/Callahan 2001, S. 82-83). Aufgrund dieser Forschungsergebnisse definierte Callahan die psychische Umkehrung nicht mehr nach psychodynamischen oder kognitiven Modellen, sondern vor einem energetischen Hintergrund – einer Polaritäts-Umkehrung. Callahan blieb bei dem von ihm gewählten Begriff psychische Umkehrung. Den entscheidenden Aspekt bei Diagnose und Behandlung bildet der psychische Teil: die Wahrnehmungsebene, das Einstimmen auf das Problem (Energie- und Gedankenfeld aufbauen) sowie das Denken an das Problem während der Arbeit mit dem Klienten (Gedankenfeld halten). Es handelt es sich dabei um Vorgänge der Psyche.

Callahans Definition der psychischen Umkehrung: *„Wir alle erleben Momente, in denen uns bewusst wird, dass unser Verhalten den Menschen gegenüber, die wir lieben, destruktiv und verletzend ist, und dennoch scheinen wir hilflos und unfähig zu sein, diesem Verhalten Einhalt zu gebieten. Es ist fast so, als wäre unser Wille gelähmt, und wir scheinen nicht in der Lage zu sein, daran etwas zu ändern. In diesen Situationen widerfährt uns das, was ich als PU (psychische Umkehr) bezeichne. Haben wir es mit PU zu tun, so sind unsere Handlungen das Gegenteil von dem, was wir behaupten, tun zu wollen. Es könnte zum Beispiel sein, dass Sie sagen, Sie wollten aufhören zu essen, wenn sie nicht mehr hungrig sind, und in Ihrem tiefsten Inneren wollen Sie das auch wirklich. Im täglichen Leben essen Sie jedoch weiterhin zu viel. Sie sabotieren Ihre eigenen Bemühungen, Sie fühlen sich hilflos und wissen nicht warum."* (Callahan/Perry 1991, S. 40f.)

Psychische Umkehrungen als Energie-Umkehrung

Der amerikanische Psychologe Fred Gallo, einer der bekanntesten Schüler Callahans, entwickelte Anfang der 1990er Jahre den Gedanken der psychischen Umkehrungen in seinem energetischen Ansatz Advanced Energy Psychology – EDxTM™ (Energy Diagnostics and Treatment Methods) weiter. Er prägte den Begriff Energy Psychology und verifizierte im Rahmen seines Ansatzes viele Gedanken von Diamond und Callahan unter anderem zum Thema der psychischen Umkehrungen. In der Auseinandersetzung mit dem Phänomen der psychischen Umkehrungen folgt Gallo den Gedanken Callahans, dass grundsätzlich eine Einwirkung auf das Energiesystem des Menschen stattfindet, *„und zwar entweder durch eine bestimmte Form der bewussten Wahrnehmung, die sich selbst beeinflusst, oder durch exogene oder endogene Faktoren, die wiederum die Wahrnehmung und alles andere beeinflussen."* (Gallo 2002, S. 127)

Dazu ein Beispiel aus seinem Buch „Gelöst, entlastet und befreit": *„Geht es um Situationen, in denen romantische Liebe beteiligt ist, so geht es bei einer Umkehrung möglicherweise um Groll, Verletzbarkeit oder eine bestimmte Furcht. Leidenschaft und Romantik müssen dann vermieden werden, weil sie mit Furcht gekoppelt sind. Es kann auch sein, dass die Energieumkehrung von grundlegender Natur ist und die logischen Überlegungen (also unsere Gedanken) nur die zweite oder dritte Geige spielen. Dann verhalten Sie sich vielleicht so, als wollten Sie gar keine leidenschaftliche Liebe in Ihrem Leben, einfach nur, weil Ihre Energie in die falsche Richtung läuft, und nicht etwa, weil Sie tatsächlich keine Leidenschaft in Ihrem Leben haben wollen."* (Gallo 2010, S. 238)

Als Erklärungsversuch geht er von einer Manifestation verschiedener in Wechselwirkung zueinander stehender Ursachen auf unterschiedlichen Ebenen aus. So besteht offensichtlich in diesem Zustand auf der kognitiven Ebene eine Inkongruenz, ein Mangel an Übereinstimmung. Diese scheint gekoppelt zu sein mit einem gewissen Grad an Selbstablehnung, die auf unbewusste psychodynamische Prozesse und Kernüberzeugungen rückführbar ist. Dabei handelt es sich keinesfalls um eine Form des Sekundärgewinns, bei der der Klient aufgrund bewusster oder unbewusster Wahrnehmung des „unerwünschten" Zustands keine Verbesserung anstrebt, da dies eher nachteilig für ihn erscheint. Einen weiteren möglicherweise zugrunde liegenden Mechanismus vermutet er auf der Ebene der sensorischen Wahrnehmung, *„wo Sinnesinformationen falsch interpretiert werden und zu einem inkongruenten Affekt führen oder zu einer Emotion, die dem, was man sonst normalerweise empfinden würde, entgegengesetzt ist. Erlebt man Negatives in einem Zustand der Umkehrung, so empfindet man es als positiv und man ist trotz des bewussten, kognitiven Verständnisses seiner abträglichen Auswirkungen darin gefangen."* (Gallo 2002, S. 127). Für Gallo sind Gedanken (Denken), Gefühle (Fühlen) und Verhaltensweisen (Handeln) eng miteinander verbunden. Negative Gedanken wie „Ich habe Angst vor ..." und „Ich mache mir Sorgen um ..." bringen Gefühle von Angst und Sorge hervor und lassen den Menschen sich entsprechend verhalten. Umgekehrt führen freudige, hoffnungsvolle Gedanken zu gleichartigen Gefühlen und Verhaltensweisen im Alltag. Vor dem Hintergrund einer vorhandenen Energie-Umkehrung geht Gallo davon aus, dass die unterschiedlichen Wahrnehmungsebenen (Denken, Fühlen, Handeln) von dieser energetischen Störung betroffen sind. Zusätzlich scheint es sich auch um einen Konflikt zwischen zwei oder mehreren Zielen zu handeln, die sich gegenseitig ausschließen (lt. Freud ambivalente Konflikte).

Eine Therapie, die exakt auf das Energiesystem des Menschen ausgerichtet werden kann, und ein energetisches Gleichgewicht ermöglicht, stellt für Gallo eine gründlichere und unmittelbare Wirkungsweise dar als die bisher genutzten klassischen Methoden. Er ist überzeugt, dass ohne die Auflösung einer solchen energetischen Umkehrung keine energetischen Techniken wirken können. *„Wenn eine PU korrigiert wird, stellen wir theoretisch eine neue Verbindung zwischen Geist (Glaubensmuster) und Körper (Energie) her; dadurch sind wir wieder in der Lage, die von der Umkehrung betroffenen Lebensbereiche mit positiver Energie zu füllen"* (Gallo 2010, S. 62).

Callahan differenzierte fünf Formen von psychischen Umkehrungen. Bei der Anwendung entdeckte Gallo, dass psychische Umkehrungen teilweise mit bestimmten Kriterien gekoppelt sind oder von bestimmten Kriterien aktiviert werden können. Diese Selbstsabotage nannte er „kriterienbezogene psychische Umkehrung (kPU)" und vermerkte, dass diese psychische Umkehrung mit einem nicht bewussten Schuldgefühl einhergeht. Als Folge daraus entwickelt sich eine innere Überzeugung, es nicht zu verdienen, das Ziel zu erreichen, oder die Angst davor, sich überhaupt mit dem Problem auseinanderzusetzen. Aussagen wie z. B. „Es könnte mir etwas fehlen, wenn ich mein Problem gelöst habe oder ich gebe mir nicht die innere Erlaubnis, mein Problem vollständig zu lösen" sind weitere Spielarten dieser psychischen Umkehrung, die sowohl an einen spezifischen Kontext gebunden sein kann als auch in ihrer Wirkungsweise kontextübergreifend auftritt.

Systematik der Sabotage-Fallen in der energetischen Psychologie

Nachfolgend werden die typischen Erscheinungsbilder der Sabotage-Fallen in der energetischen Psychologie mit Hilfe von ausgewählten Beispielen vorgestellt.

Überall Fettnäpfchen (massive psychische Umkehrung)

„Mir gelingt einfach nichts! Ich bin ein Loser, Versager ..." Das sind typische Zeichen für eine massive psychische Umkehrung (MPU).

Der Mensch leidet unter ständig unglücklichen Beziehungen, er hat das Gefühl von einem Fettnäpfchen ins andere zu treten. In vielen bis allen Bereichen seines Lebens scheint er nicht wirklich angekommen zu sein. Für Außenstehende könnte der Eindruck entstehen, dass dieser Mensch unglücklich sein will. Sein unbewusstes Glaubenssystem scheint fest davon überzeugt zu sein, dass er prinzipiell nicht glücklich sein kann.

Ein eindrückliches Beispiel für die massive psychische Umkehrung ist der 40jährige selbstständige Versicherungskaufmann, der, nachdem er in mehreren Arbeitsverhältnissen gescheitert war („Weil ich mich dort nicht entfalten konnte"), nun schon sein drittes Unternehmen vor dem „Aus" sah („Der Markt ist ein Haifischbecken"). Seine Ehe war nach drei Jahren geschieden worden und die Beziehungen, die er seither eingegangen war, hielten in der Regel nicht länger als ein halbes Jahr („Niemand versteht mich"). Bei all dem sehnte er sich nach einem ruhigen, harmonischen Leben.

Glücklich sein ist nicht erlaubt (kriterienbezogene massive psychische Umkehrung)

„Ich verdiene kein Glück und andere erlauben es auch nicht, dass ich glücklich bin" sind Gedanken, die auf eine kriterienbezogene massive psychische Umkehrung (kMPU) hindeuten.

Die kriterienbezogene massive psychische Umkehrung bezieht zu dem allgemeinen Gefühl unglücklich zu sein (massive psychische Umkehrung) bestimmte Kriterien mit ein, die dazu führen, dass der Mensch sich unglücklich fühlt. Hierzu zählt beispielsweise der unbewusste Glaube, es nicht zu verdienen, glücklich zu sein oder der Glaube, es bedürfe einer Erlaubnis, glücklich zu sein. Menschen, die ein solches Glaubensmuster haben, erkennen sich eventuell auch daran, dass sie andauernd Gründe finden, warum sie nicht glücklich sein können: „Weil mein Chef so ist, kann ich nicht ...". Hier herrscht ein inneres Glaubensmuster vor, das im tiefen Inneren suggeriert: „Ich kann nicht glücklich sein, weil ...". In der Regel betrifft dieses destruktive Empfinden mehrere Bereiche des Lebens wie z.B. Beruf und Beziehungen oder Freizeitverhalten.

Herr L. ist 25 Jahre alt und ein sehr erfolgreicher Fußballprofi. In seiner Mannschaft ist er als Führungspersönlichkeit anerkannt und aufgrund verschiedener Werbeverträge verfügt er über ein stattliches Auskommen. Er ist verheiratet und führt, von außen betrachtet, eine glückliche Ehe. Er kommt in unsere Praxis, weil er in letzter Zeit wiederholt krank wurde und sich insgesamt sehr unglücklich fühlte. Er verstand das überhaupt nicht, da es ihm doch eigentlich richtig gut gehen müsste. Er hatte aber bemerkt, dass er sich umso unglücklicher fühlte je erfolgreicher er wurde. Auf Nachfrage berichtete er, dass sein Vater ein kleines Unternehmen leite, welches nicht gut laufend des Öfteren schon knapp vor einem Konkurs stand. Der Wunsch des Vaters sei es gewesen, dass er ins Unternehmen einsteige. Das habe er aber zugunsten seiner Fußballkarriere nicht getan. Der Vater sei darüber traurig gewesen. Aufgrund der ständig angespannten Situation habe auch die Ehe seines Vaters sehr gelitten und sei schlussendlich zerbrochen. Im Verlauf der Arbeit zeigt sich, dass Herr L. sich unbewusst schuldig an der Lebenssituation seiner Eltern fühlte. Er habe seine Eltern nicht unterstützt und verdiene daher nicht, selbst glücklich und zufrieden zu sein.

Ich schaffe es nicht (tiefsitzende psychische Umkehrung)

„Ich schaffe diese Aufgaben nicht, mein Wissen reicht nicht, mein Einsatz wird nicht genügen." Das sind Muster, die sich bei einer tiefsitzenden psychischen Umkehrung (tPU) nach außen zeigen können.

Auch wenn der Wunsch, sein Problem zu lösen oder sein Ziel zu erreichen, bei diesem Menschen wirklich groß und aufrichtig ist, so sagt aber seine innere Stimme, dass seine Fähigkeiten bestimmt nicht ausreichen werden. Es fehlt an Selbstvertrauen und dem Gefühl, mit sich und seiner Leistung zufrieden zu sein. Eine gesunde Einschätzung eigener Kapazitäten sowie das Gefühl von Stolz auf die eigene Leistung fehlen oder konkurrieren mit einer überzogenen Überzeugung, es nicht schaffen zu können, weil der „Berg zum Ziel" einfach zu groß für die eigenen Kapazitäten sei.

Frau P. ist 21 Jahre alt. Sie kommt in unsere Praxis, weil sie schon drei Mal bei der Führerscheinprüfung durchgefallen ist. Die Erfüllung ihres Wunsches, selbst Auto fahren zu können, scheint in weite Ferne gerückt. Im Gespräch wird deutlich, dass sie selbst nicht daran glaubt, die Prüfung zu schaffen. Sie sei einfach nicht in der Lage, so viel zu lernen und müde, wenn sie nur den Lernstoff sehe. Das kenne sie schon von früher. In der Schule habe sie auch immer Angst vor Prüfungen gehabt, obwohl sie viel gelernt habe. Der Lernstoff sei ihr zu viel gewesen. Allein der Gedanke an all die Unterlagen zum Lernen nehme ihr jeden Mut. Daher habe sie vom Gymnasium in die Realschule gewechselt. Sie habe damals gehofft, dass sie dort besser zurechtkomme. Doch auch hier habe sie schnell gemerkt, dass es einfach zu viel für sie sei.

Jetzt nicht (spezifische psychische Umkehrung)

„Aber ganz bestimmt später" könnte man dem alten Volksmund entsprechend bei dieser Umkehrung sagen, der spezifischen psychischen Umkehrung (sPU).

Sie ist die am weitesten verbreitete Sabotage-Falle und jeder kennt bei sich selbst und bei anderen diesen inneren Gedankengang, ohne zu wissen, dass es sich um eine psychische Umkehrung handelt.

Weiter oben berichteten wir von dem jungen Mann, der mit dem Rauchen aufhören möchte. Gefangen in einer spezifischen psychologischen Umkehrung hat er sich und anderen schon oft den genauen

Zeitpunkt mitgeteilt, wann er mit dem Rauchen aufhören möchte und auf die Frage „warum nicht jetzt sofort" hatte er jedesmal eine logische Antwort. Das Problem jetzt sofort zu lösen, erscheint unmöglich. Später aber bestimmt.

Schlapp machen ist nicht erlaubt! (kriterienbezogene psychische Umkehrung)

„Ich darf mir nicht erlauben, an meinem Thema zu arbeiten, weil ..."; „Ich fühle mich schlecht, wenn ich jetzt egoistisch an meine Bedürfnisse denke."; „Wenn das alles geschafft ist, dann werde ich ..."; „Was passiert, wenn das Problem wirklich gelöst wird?" Dies sind typische Muster, die zu einer kriterienbezogenen psychischen Umkehrung (kPU) gehören.

Die Hausfrau und Mutter, die jeden Morgen den Frühstückstisch vorbereitet, damit ihr Mann und die Kinder ihren anstrengenden Tag ruhig beginnen können, die, wenn alle aus den Haus sind, erst einmal für Ordnung sorgt um dann zu den eigenen alten Eltern zu fahren, um deren Haushalt zu organisieren. Mittags um ein Uhr, wenn die Kinder aus der Schule kommen, steht natürlich das Essen auf dem Tisch und nach dem Essen wird sich fürsorglich um die Hausaufgaben der Kinder gekümmert, um gleich danach die Küche aufzuräumen und die Wäsche zu bügeln. Diese sollte fertig sein, wenn der Mann erschöpft von der Arbeit nach Hause kommt. Dann ist Zeit dafür, die Probleme von Mann und Kindern zu erfahren und konstruktive Lösungsvorschläge zu diskutieren. Dabei kann man auch gleich das Essen für den nächsten Morgen vorbereiten, bevor noch einmal bei den Eltern nach dem Rechten gesehen wird. Pünktlich zur Schlafenszeit der Kinder ist die Mutter zurück, um die Kinder ins Bett zu bringen. Nach einer kurzen Rast vor dem Fernseher geht es dann ins Bett, der nächste Tag ruft ja schon. Wie kann sie sich bei diesen erfüllenden Aufgaben nur so müde und schlapp fühlen? Wieso hat sie das Gefühl, sie komme persönlich zu kurz, wo sie sich doch nur um die Familie kümmert und „sonst nichts tun muss"?

Wir haben viele Menschen in solchen oder ähnlichen Situationen in unserer Praxis kennen gelernt, denen es unsagbar schwer fiel, sich ein wenig Zeit nur für sich zu organisieren. Immer gab es einen inneren Glauben, es nicht zu verdienen, die Sicherheit zu verlieren, es sich nicht erlauben zu können oder andere (z. B. die Aufgaben) erlaubten es nicht. Diese Hausfrau ist gefangen in einer kriterienbezogenen psychischen Umkehrung (kPU).

Die Bearbeitung der Sabotage ermöglicht ihr, langsam ihre innere Einstellung kennen zu lernen und zu überdenken. Erst dann hat sie die Möglichkeit, anders zu handeln und bei all ihren Aufgaben auch an sich zu denken.

Oje – es funktioniert! (Mini- bzw. intervenierende psychische Umkehrung)

„Oje, es funktioniert" könnte sich die Stimme dieser Sabotage äußern, die sich mitten in der Arbeit, meist sogar kurz vor dem Ziel, zeigen kann. In der Energetischen Psychologie spricht man von einer Miniumkehrung oder intervenierenden psychischen Umkehrung (MiniPU).

Die Miniumkehrung lässt uns zunächst auf dem Weg zu unseren Zielen und Wünschen einige Erfolge erringen. Doch kurz vor dem Ziel tauchen, wie aus dem Nichts, gute Argumente dafür auf, doch besser nicht am Ziel anzukommen. Für den unbefangenen Beobachter erscheint das Verhalten dieser Menschen unverständlich und man würde ihnen gerne sagen: „nun mach doch endlich, du bist ja fast am Ziel". Für die Betroffenen ist es aber vollkommen logisch, dass sie nicht am Ziel ankommen können.

Leicht verständlich wird die Miniumkehrung am Beispiel einer jungen Frau, die seit einiger Zeit wegen starker Rückenschmerzen krankgeschrieben war. Dies war nicht das erste Mal, dass sie mit ihrem Rücken Probleme hatte und sie wollte die Schmerzen wirklich gerne loswerden. Nach etlichen gescheiterten schulmedizinischen Versuchen, ihr Problem zu lösen, steckte sie nun all ihre Hoffnung in eine energetische Begleitung, da man ihr versichert hatte, dass körperlich eigentlich alles in Ordnung sei. Schon nach der ersten Sitzung verließ sie unsere Praxis ohne Schmerzen und vollkommen glücklich. Vier Stunden später verkündete eine verzweifelte Stimme am Telefon, dass die Schmerzen plötzlich wieder da seien. Sie kam wieder vorbei und wir arbeiteten erneut zusammen. Die Schmerzen verschwanden genauso schnell wie beim ersten Mal. Auf die Frage, was sich nun für sie im Alltag verändere, äußerte die Klientin unter anderem: „Ja, da werde ich mich dann wohl intensiver um meine Schwiegermutter kümmern müssen, wenn ich jetzt keine Schmerzen mehr habe." So erfuhr ich, dass die Klientin schon immer ein sehr unterkühltes Verhältnis zu ihrer Schwiegermutter gehabt hatte. Nun sei diese seit einem halben Jahr ans Bett gefesselt, nachdem sie einen Schlaganfall erlitten habe. Ihr Mann sei das einzige Kind gewesen und von ihr als dessen Ehefrau wurde erwartet, dass sie sich um die Pflege zu kümmern habe. Durch ihre starken Rückenschmerzen habe sie das lange abwenden können und die Familie habe eingesehen, dass dafür ein Pflegedienst bestellt werden müsse. Wenn sie aber jetzt keine Rückenschmerzen mehr habe, würde dieser bestimmt wieder abbestellt. Dies ist ein gutes Beispiel dafür, dass eine Sabotage-Falle grundsätzlich auch eine positive Funktion haben kann, auch wenn die Auswirkungen, wie in unserem Beispiel, sehr schmerzhaft waren. Mit unserer Klientin erarbeiteten wir Möglichkeiten, wie sie auch weiterhin nicht zu stark in die Pflege der Schwiegermutter eingeplant werden konnte. Danach hatte die Klientin auch auf Dauer keine Rückenschmerzen mehr. Die Schutzfunktion in Form der Miniumkehr war nicht mehr notwendig.

Ein Problem hat viele Kinder (wiederkehrende psychische Umkehrung)

„Warum werde ich das Thema einfach nicht los? Ich kann machen was ich will, das Problem taucht immer wieder auf." So klingt die innere Stimmung der Menschen, die es mit einer wiederkehrenden psychischen Umkehrung (wPU) zu tun haben.

Diese Umkehrung taucht immer mal wieder in Veränderungsprozessen auf, auch wenn das Gefühl, einige Fortschritte gemacht zu haben, da ist. Plötzlich ist genau der Stress wieder da, den man glaubte, hinter sich gelassen zu haben. Dies kann geschehen, wenn das innere „Sicherheitssystem" plötzlich etwas in der Umwelt wiedererkennt, was es stark an das alte Verhalten „erinnert".

Zum Verständnis dient dazu nochmals der Bezug zur Geschichte des jungen Rauchers. Er hat es tatsächlich geschafft und raucht nun schon seit vier Wochen nicht mehr. Er ist selbst ein wenig verwundert, dass ihm dies gar nicht so schwer gefallen ist. Er hatte in dieser Zeit sehr viel zu tun, was ihn sicher auch etwas Ablenkung verschaffte. Nun, nach vier Wochen, möchte er mit seiner Freundin diesen „kleinen" Erfolg feiern und führt sie in ihr Lieblingsrestaurant aus. Der Abend verläuft sehr schön und romantisch und beide freuen sich, dass er die ersten vier Wochen gut gemeistert hat. Im Verlauf des Abends bemerkt er allerdings, dass sein schon überwunden geglaubtes Verlangen nach einer Zigarette wieder auftaucht und zunimmt. Nach dem Essen hätte er früher eine Zigarette genossen oder wäre mit der Freundin noch einmal um die Häuser gewandert und hätte dabei eine oder auch zwei Zigaretten geraucht. Beides war immer mit einem guten, angenehmen Gefühl verbunden. Daran „erinnert" sich sein System und lässt unbewusst die Lust auf eine Zigarette aufflammen.

Weitere Sabotage-Fallen in der energetischen Psychologie

Sabotage-Fallen in Familien

Weitere Sabotage-Fallen werden sichtbar in der systemischen Arbeit mit Kindern und Familien. In dem Buch „Klopfakupressur mit Kindern, Jugendlichen und Familien" (Becker-Oberender 2008) wird dargestellt, wie Familiengeheimnisse und wie im Unbewussten verbleibende Inhalte sich über Generationen in Familien ausbreiten können und dadurch als eine Art Mythos die Entwicklung der Individuen behindern. Oftmals handelt es sich um verdeckte und verdrängte „Wahrheiten" und Konflikte die zu internen Kommunikationsproblemen unter den Familienmitgliedern führen. *„Solche Muster werden auf energetischer Ebene weitergegeben."* (Becker-Oberender 2008, S. 115). Aus energetischer Sicht wird der Energiefluss „verstört" und „umgekehrt". Bei dieser Sabotage-Falle, bezeichnet als familienbezogene psychische Umkehrung (Familien-PU), wird das ganze Familiensystem in eine Sabotage einbezogen. In dem Buch wird beschrieben, wie sich Familiengesetze als massive psychische Umkehrungen im gesamten Familiensystem ausbreiten und die einzelnen Systemebenen – Kind, Eltern und „geheimes Subsystem" – sabotieren (Becker-Oberender 2008, S. 115-124). Nachfolgend ein Beispiel zu den Auswirkungen.

> Du kannst deiner Familie (...) Lebewohl sagen und weit, weit weg reisen, und doch trägst du sie in deinem Herzen, deinem Geist, deinem Bauch immer bei dir, weil du nicht einfach in einer Welt lebst, sondern weil eine Welt in dir lebt.
>
> Frederick Buechner

Das war schon immer so: Klaus ist zwölf Jahre alt und besucht in seiner Nachbargemeinde die Realschule. Er ist ein eher schlechter Schüler, der mehr durch sein manchmal aggressives Verhalten auffällt als durch seine Beteiligung am Unterricht. Er hat noch einen jüngeren und einen älteren Bruder. Unter ihnen kommt es öfter zu Handgreiflichkeiten, die ihre Mutter oftmals vergeblich zu schlichten versucht. Zu einem Gespräch in der Schule wegen einer Prügelei auf dem Pausenhof erscheint nur die Mutter. Der Vater hält das Verhalten der Lehrer für vollkommen übertrieben. Auch er habe sich früher öfter schon mal einem Kampf stellen müssen. Das sei ganz normal bei Jungs. Sein Vater habe immer gesagt: „Lass dich nicht unterkriegen. Da musst du durch, Junge." Zwischen Vater und Mutter kommt es wegen Klaus öfter zu Streitereien, da die Mutter dieses Verhalten nicht dulden will und auch nicht als „normal" ansieht. Sie wuchs in sehr behüteten Verhältnissen auf, in denen Meinungsverschiedenheiten, wenn sie denn überhaupt vorkamen, mit einem Gespräch geklärt wurden.

In vielen Familien werden Verhaltens- oder Handlungsweisen über Generationen weitergegeben und gelebt. Dies ist den Familienmitgliedern oftmals nicht bewusst, da sie in der Regel auf der energetischen Ebene weitergegeben werden. Manchmal werden sie sogar ausgesprochen aber nicht als solche erkannt „So war das schon immer bei uns" oder „Da kann man nichts machen, so sind wir halt in unserer Familie." Solche Sichtweisen beeinflussen den gesamten Erziehungsprozess der Eltern und führen häufig zu Konflikten. Ein nicht einheitliches Erziehungsverhalten der Eltern wird unbewusst durch ihre Kinder gespiegelt. Dies äußert sich durch Verhaltensweisen, die nicht in die Familie passen. Hierdurch werden Kinder als Symptomträger auffällig. Eine solche Familien-PU kann sich auf der Ebene des Kindes, auf der Ebene von Mutter oder Vater und auf der Ebene des „geheimen Subsystems" der Familie zeigen. Hierbei handelt es sich um miteinander kollidierende, über Generationen weitergegebene Verhaltens- und Denkweisen.

Vater und Mutter kommen aus unterschiedlichen Familiensystemen. Wenn jeder eine unbewusst von der Familie übernommene Handlungs- und Denkweise mit in die gemeinsame Familie gebracht hat, könnten diese miteinander kollidieren, wenn sie nicht kompatibel sind. Wenn zum Beispiel der Vater verinnerlicht hat, dass Kinder nicht „verhätschelt" werden dürfen und demgegenüber die Mutter empfindet, dass Kinder arme, hilflose kleine Wesen sind, denen man jede Unterstützung bieten muss, wird dies höchstwahrscheinlich zu Konflikten zwischen den Eltern führen. Diese spiegeln sich in unklaren, oft kontroversen Erziehungsstrategien der Eltern wider und führen zu ebensolchen Verhaltensweisen beim Kind. Diese wiederum nerven die Eltern.

Sabotage-Fallen im Entwicklungsprozess

Eine weitere Form der Sabotage-Falle kann während der Entwicklung des Kindes entstehen (Becker-Oberender 2008). Zu einem gesunden Reifungs- und Wachstumsprozess eines Kindes gehören vielerlei Krisen. Wenn diese Krisen von den Eltern nicht als notwendige Prozesse wahrgenommen werden, können sie sich zu einer Sabotage-Falle entwickeln. Dann werden für das Kind wichtige Erfahrungen, die Frustrationen, Wutanfälle oder z.B. Kontaktprobleme der Kinder auslösen, abgetan und nicht gewürdigt. Eine Folge kann sein, dass sich die Selbstkontrolle des Kindes nicht altersentsprechend entwickeln kann. Erkennbar wird diese Form der Sabotage-Falle, die entwicklungsbedingte psychische Umkehrung (ePU), an unkontrollierten Wutanfällen oder beispielsweise an einer ausgeprägten Null-Bock-Haltung des Kindes oder des Jugendlichen. Wird diese Sabotage-Falle nicht gelöst, zeigt sie sich auch noch im Erwachsenenalter.

> In jedem Kind ist etwas Ursprüngliches, woran alle abstrakten Prinzipien und Maximen scheitern.
>
> Sören Kierkegaard

Wutanfälle, Null-Bock, Kontaktstörungen: Als Kindergartenkind will Peter einen Fernseher im Zimmer haben und bekommt diesen Wunsch, wie so viele andere, von seinen Eltern erfüllt. Wenn er keine Lust zum Einkaufen hat, wird der Einkauf einfach verschoben und auf sein Bedürfnis Rücksicht genommen. So erlebt Peter, dass seine Bedürfnisse an erster Stelle in der Familie stehen und die Erwachsenen ein schlechtes Gewissen bekommen, wenn sie es einmal nicht schaffen, seine Wünsche zu befriedigen. Dann bekommt er eine Belohnung für sein „Warten". Ihm wird die Chance verwehrt, auf seine Bedürfnisbefriedigung warten zu müssen und das aushalten zu können. Dieses Aushalten-Können ist eine der Krisen, die dazu befähigen, aktiv an seinen Zielen zu arbeiten, Frustrationen auszuhalten und trotzdem nicht aufzugeben und ggf. auch manchmal sein Ziel nicht zu erreichen. Bewältigt er diese Krise nicht, bleibt die Sabotage. Sie äußert sich darin, dass Peter einen Wutanfall bekommt, wenn er auf seine Bedürfnisbefriedigung warten muss. Sein tiefer Glaubenssatz sagt ihm, dass es ihm zusteht, alles sofort zu bekommen. Auch fehlt ihm die Möglichkeit, Gefühle wie Wut und Trauer zu erleben, und dass Erwachsene mit ihm über diese Gefühle sprechen. Aber auch das Gefühl höchster Freude und Stolz, es selbst endlich geschafft zu haben, erlebt er so nicht. Als Erwachsener trifft er auf eine Welt, in der seine Bedürfnisse oft nicht an erster Stelle stehen. Dies löst immer öfter in ihm Wut und Resignation aus, denn ihm fehlen die notwendigen Bewältigungsstrategien. Frustriert von seinen Kollegen, Freunden und Bekannten zieht er sich vielleicht zurück oder fällt durch aggressives und unkollegiales Verhalten wiederholt auf. Das Wort Egoist hört er nicht selten. Sein inneres Glaubenssystem, gewachsen aus seinen Kindheitserfahrungen, signalisiert ihm nun: „Die Welt ist böse" oder „Mich mag keiner".

2.2
Sabotage-Fallen abgeleitet aus der Transaktionsanalyse

Viele Menschen haben das Gefühl, in einem Hamsterrad gefangen zu sein. Sie glauben, dass sie nie wirklich gut sind, sich andauernd anstrengen müssen, oder dass ihnen die Zeit permanent davonläuft. Meistens handelt es sich um eine Fülle von Symptomen, die diese Realitätswahrnehmung entstehen lassen. Dazu gehören nicht selten ein perfektionistisches Anspruchsdenken sowie eine idealisierte Erwartungshaltung an die eigene Leistungsfähigkeit in Bezug auf Schnelligkeit, Kraft und Präzision. Das gilt für Handeln in Beziehung zu sich und zu anderen. Diesen unrealistischen Ansprüchen an die eigene Leistungsfähigkeit kann man gar nicht genügen. Aber je weniger das möglich ist, umso stärker versucht man es.

Ehrgeiz schafft viel, sogar einen selbst.

Gerhard Uhlenbruck

Der harmonische Energiefluss wird gestört: Aus einem ruhigen Fluss wird ein reißender Strom, der über die Ufer tritt und alles mit sich reißt. Seine zerstörerische Kraft breitet sich im gesamten Energiesystem aus und lässt neue Gedanken, Gefühle und Körperreaktionen entstehen, die dieser überschäumenden Energie entsprechen. Das System des Menschen wird „überaktiviert".

Mental zeigt sich dies beispielsweise in Sätzen wie: „Ich muss immer für andere da sein. Ohne mich geht es nicht. Ich darf keine Fehler machen. Ich darf mir keine Schwäche erlauben". Die inneren Wertvorstellungen, Befindlichkeiten und vor allem die Erwartungen die der Mensch an sich selbst sowie die Vorstellungen von den Erwartungen, die seine Mitmenschen vermeintlich an ihn haben, werden von dieser überzogenen und dadurch destruktiven Energie geprägt. Im Extremfall gerät die Energie außer Kontrolle und der Mensch wird unaufhaltsam angetrieben. Permanente Unerfüllbarkeitsgefühle sind die Folge, und das macht Druck, erzeugt das Gefühl, einfach noch nicht genug getan zu haben und noch mehr tun zu müssen. Hierdurch wird noch mehr Energie aktiviert. Diese Dynamik führt von ansteigendem Stress zu permanenter Überforderung und endet nicht selten im Burnout, einem totalen Energieeinbruch oder, wörtlich übersetzt: einem „Ausbrennen".

Antreiber als Sabotage-Fallen

Vor dem Hintergrund des Konzepts der Transaktionsanalyse, das in den 1950er und 1960er Jahren von dem amerikanischen Psychiater Eric Berne entwickelt wurde, beschreiben in den 1970er Jahren die beiden amerikanischen Transaktionsanalytiker Taibi Kahler und Hedges Capers in ihrem Miniskriptmodell (1977) ausführlich die Dynamik zwischen Kompensationsstrategien, die sie als Antreiber oder innere Steuerungsmuster bezeichnen, und elterlichen Botschaften wie Geboten, Verboten, Prinzipien und Regeln, die den kindlichen Entfaltungsraum unangemessen einschränken und blockieren.

Kinder haben eine sehr feine Antenne dafür, welches von ihnen gezeigte Verhalten in ihrem Umfeld erwünscht ist, um Liebe und Zuwendung der Eltern zu bekommen, und welches Verhalten dieses eher aufs Spiel setzt. Wird das Verhalten und Handeln eines Kindes wiederholt durch Ansprüche und Erwartungen wichtiger Bezugspersonen, meist der Eltern, eingeschränkt, filtert das Kind unbewusst seine(n) ganz persönlichen „inneren Antreiber" heraus – wie „sei schnell, streng dich an, sei perfekt, sei angepasst, sei stark". Wenn sich die Muster der beim Kind ankommenden Eltern-Botschaften wiederholen, können sie zu einer inneren Überzeugung beim Kind führen. Beispielsweise zu der inneren Überzeugung, nur dann in Ordnung zu sein, wenn es dem jeweiligen Anspruch gerecht wird. In der Transaktionsanalyse wird dieser Vorgang als Lebensskriptmuster beschrieben. Das Lebensskriptmuster ist eine Art Überlebensstrategie, das Gegenskript auf vom Kind wahrgenommene elterliche Anforderungen. Es handelt sich dabei um „antreibende" Denkmuster folgender Art:

> Es gibt keinerlei Lebensumstände, an die der Mensch sich nicht gewöhnen könnte, besonders wenn er sieht, daß alle in seiner Umgebung genauso leben.
>
> Leo N. Tolstoi

Ich bin o.k., wenn ich mich beeile.

Ich bin o.k., wenn ich mich anstrenge.

Ich bin o.k., wenn ich gefällig bin.

Ich bin o.k., wenn ich perfekt bin.

Ich bin o.k., wenn ich stark bin.

Die daraus resultierenden, inneren Glaubensmuster wirken unbewusst als Schablonen für eigenes Denken, Handeln und Fühlen. Solange diese „inneren Antreiber" unbewusst bleiben, wirken sie ungehemmt und unreflektiert bis in das Erwachsenenleben hinein. Sie schränken den Handlungsspielraum ein und vereiteln – also sabotieren – Wachstumschancen. Kahler und Capers verstehen diese Antreiber als destruktive Mechanismen, derer man sich mittels Erlauber-Strategien teilweise entziehen kann. Die Lösung aus diesem Antreibermodell sehen sie als das bewusste Ersetzen des „muss" durch ein „darf" wie beispielsweise: Ich darf mir Zeit lassen. Ich darf Fehler machen. Ich darf schwach sein. So wird die persönliche Anspruchshaltung wieder realitätsgerechter. (Kahler/Capers 1977)

Antreiber als Motivatoren

Es geht nicht darum, die Antreiber ganz aus dem eigenen Leben zu verbannen. Sie wurden aktiviert, um Sicherheit, Anerkennung, Zuwendung und Erfolg im Leben zu sichern Hinter jedem Antreiber steckt ein positiver Aspekt, eine Fähigkeit, ohne die man vieles im Leben vielleicht nicht geschafft hätte. Wohldosiert wirken sie motivierend und wachstumsstärkend.

> Ich muss mit der Gewohnheit brechen, ehe sie mich gebrochen hat.
>
> Georg Christoph Lichtenberg

Die britische Trainerin und Autorin Julie Hay entdeckte in den 1990er Jahren vorteilhafte Fertigkeiten, die mittels des Antreiberverhaltens trainiert werden können (Hay 1996). Auch die systemischen Berater Bernd Schmid und Joachim Hipp richteten die Aufmerksamkeit auf mögliche Tugenden und Talente als Ressourcen, die in der Antreiberdynamik verborgen sind (Schmid/Hipp 2000).

Die Psychologin Jutta Kreyenberg veröffentlichte 2003 eine Checkliste zum Erstellen von Antreiberprofilen sowie möglicher Interventionen und der Philosoph und Coach Oliver Preukschat eruierte die Handlungskomponenten der fünf Antreiber-Verhaltensweisen und ihre inneren Zusammenhänge, die zu einer depressiven Grundeinstellung führen können. Er definierte Handeln auf drei Ebenen:

1. Handeln in der Beziehung zu anderen („Mach es recht")

2. Handeln in der Beziehung zu sich selbst („Sei stark") und

3. Handeln in Bezug auf mögliche Handlungsobjekte und das eigene Subjekt mit den Komponenten Kraft („Streng Dich an"), Geschwindigkeit („Beeil Dich") und Präzision („Sei perfekt") (Preukschat 2003, S. 18ff).

Der Transaktionsanalytiker Johann Schneider formulierte dazu 2008 in seinem dynamischen Handlungspentagon eine Erweiterung des von Preukschat beschriebenen Antreiberkonzepts. Er stellte die Hypothese auf, dass den fünf Antreiberverhalten Fähigkeiten zuzuordnen sind, die als Grundlage für Handlungen dienen. Diese Fähigkeiten gelte es zu kultivieren, so dass Handlungen wirkungsvoll und lustvoll erfahren werden können. Nachfolgend die von Schneider entwickelten fünf Fähigkeiten:

1. *„Einfühlungsvermögen: Die Fähigkeit, sich auf die Umgebung und sich selbst zu beziehen, zu assoziieren.*

2. *Distanzierungsvermögen: Die Fähigkeiten, sich von der Umgebung und sich selbst zu distanzieren, zu dissoziieren.*

3. *Durchhaltevermögen: Die Fähigkeit, angemessen Kraft einzusetzen.*

4. *Raum-Zeit-Gefühl: Die Fähigkeit, sich räumlich und zeitlich in Bezug auf sich und die Objekte einzustellen, sich zeitlich und räumlich zu orientieren und die Handlung*

auf Raum, Zeit und Objekt bezogen mit der passenden Geschwindigkeit auszuführen. Ein gut entwickeltes Raum-Zeit-Gefühl zeigt sich in Sprintqualitäten wie auch in der Fertigkeit, sich ruhig fließend zu bewegen.

5. *Sinn für das Ganze, die Vollkommenheit: Die Fähigkeit, für die Handlung eine passende Technik zu entwickeln und einzusetzen."* (Schneider 2008, S. 4)

Werden diese Fähigkeiten über- oder untertrieben resultieren daraus Getriebensein sowie destruktive Antreiberverhaltensweisen. Agiert ein Mensch aus dem Antreiberverhalten heraus, setzt er eine oder mehrere der oben benannten Fähigkeiten nicht ein.

2.3
Antreiber vor dem Hintergrund der chinesischen Energielehre

In der chinesischen Energielehre fanden wir Entsprechungen für die aus der Transaktionsanalyse abgeleiteten Antreiber und ihre Fähigkeiten. Dies öffnete neue Möglichkeiten der Betrachtungsweise und vor allem für den Umgang mit den Antreiberverhaltensweisen. Es lohnt also, einen genaueren Blick auf die chinesische Energielehre zu werfen.

Ein „robustes" Lebenskonzept: Yin und Yang

In der alten chinesischen Energielehre gehören bewegende (antreibende) Energien zu den Wirkkräften der Natur und sind für den Fluss der Energie im Mikrokosmos – dem Menschen, als auch im Makrokosmos – der Natur verantwortlich. Die Wurzel chinesischer Diagnostik und Therapie ist die Lehre von Yin und Yang, die einen dialektischen Zugang zum Verständnis der Ganzheit des menschlichen Organismus und seiner Funktionen vermittelt. Es geht dabei um die einfache Tatsache, dass alle Phänomene und Dinge zwei gegensätzliche, sich ergänzende, beziehungsweise komplementäre Seiten enthalten. Yin und Yang werden als antagonistische Kräfte – gegensätzliche Aspekte einer Energie – verstanden. Dies bedeutet, es kann kein Yin existieren, ohne dass es ein Yang gibt. Es macht nur Sinn von Tag (Yang) zu sprechen, wenn es auch eine Nacht (Yin) gibt. Diese Beschreibung der Polaritäten zeigt, dass es sich hier nicht um einen statischen, unveränderbaren Zustand handelt, sondern ganz im Gegenteil, um eine sich in Bewegung befindliche Wandlung. Die Nacht beinhaltet den beginnenden Tag, so wie der Tag auch schon die Nacht in sich trägt. Alles befindet sich im ständigen Annähern oder Entfernen, in hoher oder niedriger Aktivität. Die Spannung zwischen den sich im ständigem Wandel befindlichen Grundkräften, Yin und Yang, erzeugt *Chi*, die Lebensenergie. Alles ist von ihr beeinflusst und durchdrungen, auch der Mensch.

> Die Gesundheit des Menschen zeigt sich geradezu in der Fähigkeit, auf beständige innere wie äußere Einflüsse, auf Erschütterungen, Höhen und Tiefen fließend zu reagieren, sich deshalb fortwährend zu verändern und trotzdem eine lebendige Harmonie von Yin und Yang zu bewahren.
>
> Wilfried Rappenecker

Mit Yang wird alles beschrieben, was sich bewegt, was nach oben steigt, was klar erkennbar und aktiv ist, was kräftige Funktion und Bewegung zeigt. Yin ist das, was sich ruhig verhält, was nach unten geht, was trübe oder verborgen ist, was sich passiv zeigt und geringe Aktivität hat. Dementsprechend ist z. B. Ruhe ein Yin-Zustand und Bewegung ein Yang-Zustand. Die polaren Gegensätze sind voneinander abhängig, sie kontrollieren und begrenzen sich gegenseitig und bleiben so in einer harmonischen Balance. Nach diesem Verständnis beruht die Entstehung jeder Erkrankung auf einer Unausgewogenheit zwischen Yin und Yang. Einer von beiden Polen ist entweder zu stark oder zu schwach. So führt ein Yang-Überschuss mit der Zeit zu einem Yin-Mangel und umgekehrt.

Yin, Yang und die Elemente

Leben kann als fortwährende Umwandlung von Yin und Yang, den beiden Energiepolen, verstanden werden, die sich laut der chinesischen Energielehre in fünf Energiequalitäten zeigen. Diese Qualitäten wurden von den Chinesen aus der Natur abgeleitet und als Holz, Feuer, Erde, Metall und Wasser, auch als fünf Wandlungsphasen (Wu Xing), beschrieben. Sie dienen zur Erklärung der Realität und deren Aufbau und Ordnung. Man kann sie als ein Erklärungsmodell der Lebensprozesse bezeichnen.

Das Wirken der Natur zu erkennen, und zu erkennen, in welcher Beziehung das menschliche Wirken dazu stehen muss: das ist das Ziel.

Dschuang Dsi

Im Menschen sind die Elementarkräfte Holz, Feuer, Erde, Metall und Wasser wirksam. Sie sind in Bewegung oder stagnieren, je nachdem, was sich im Leben ereignet. Ihr Wirkungsspektrum zeigt sich in allen Themen des menschlichen Lebens, beispielsweise im Jahres- und Lebensverlauf. Mit ihrer Hilfe lassen sich die funktionellen Leistungen im Bewegungsapparat, im Herz-Kreislauf-System, im Atem- oder Verdauungstrakt erklären, die nach der chinesischen Energielehre von den fünf elementaren Kräften abhängig sind. Die Elementarkräfte beeinflussen auch Sinneswahrnehmungen, Emotionen und unser Denken. Jedes einzelne Element hat eine charakteristische Qualität und speist seine Energie in den Lebensprozess des Menschen ein, um ihn bestmöglich zu unterstützen, sich vollends zu entfalten. Ihre Aufgabe ist die optimale Verteilung der Lebensenergie in den Energiebahnen und eine ausgewogene Balance der Kräfte Yin und Yang, die sich in allen Elementen zeigen.

Der bei uns gebräuchliche Begriff „Element" ist nach chinesischem Verständnis nicht statisch zu verstehen. Unter Element wird eine Phase oder eine Bewegung verstanden, da die chinesische Energielehre eher an Prozesshaftigkeit und Mustern interessiert ist als an Substanz und Struktur.

Mit Hilfe des oben beschriebenen archaischen Systems der fünf Wandlungsphasen Holz, Feuer, Erde, Metall und Wasser werden die Energiequalitäten stabilisiert und in harmonischer Bewegung gehalten. Damit eine gute Verteilung der Lebensenergie im Körper möglich ist, wird sie mit Hilfe von Energiebahnen, den Meridianen, netzartig im gesamten Organismus verteilt. Sie tragen jeweils den Namen des zu versorgenden Organs, und sorgen im „Netzwerk" für ein reibungsloses Funktionieren der Energieversorgung. Ihre Hauptaufgabe ist der Informationsaustausch zwischen dem Organismus und der ihn umgebenden Welt. Ziel des Austausches ist ein natürliches „Ja" zum

Leben und ein inneres Wohlgefühl in jeder Lebensphase. Eine gute Anpassung des Organismus an die sich ständig wandelnden äußeren Bedingungen der Welt ist ein erkennbares Merkmal eines guten Energiehaushaltes. Dazu hat jede Wandlungsphase „ihre" Energiebahnen bzw. Meridiane. Holz, Erde, Metall und Wasser stehen jeweils zwei Energiebahnen zur Verfügung. Die Wandlungsphase Feuer verfügt über vier Energiebahnen. Die Energiebahnen leiten die Informationen über die inneren Lebensbedingungen eines Organismus weiter und tauschen diese über die Akupunkturpunkte mit der Außenwelt aus. Je eine Energiebahn einer Wandlungsphase vermittelt die Yin-Energie und die andere die Yang-Energie. Als Ausnahme werden der Wandlungsphase Feuer je zwei Yin und Yang- Meridiane zugeschrieben.

Antreiber: Energie außer Kontrolle?

Wir beschäftigen uns seit Ende der 1990er Jahre mit den Ideen der Antreibertheorien, zu denen sowohl die eher destruktiv orientierten Lebensskriptmodelle als auch die später hinzukommenden unkultivierten Fertigkeiten gehören. In Verbindung mit den Gedanken der energetischen Psychologie und der chinesischen Energielehre entwickelten wir eine neue Sichtweise auf das Phänomen der Antreiber und kamen zu nachfolgender These: Jeder Mensch wird mit einer sich positiv bewegenden, dynamischen Energie geboren, die sich aus der „Reibung" zwischen den Polen Yin und Yang speist und in den Elementen Holz, Feuer, Erde, Metall und Wasser zum Ausdruck kommt.

> Das Unglück ist ebenso wie der Ruhm imstande, Energien zu wecken.
>
> Maurice Barrès

Eine Wandlungsphase kommt aus dem Gleichgewicht, wenn ihre Yang- oder Yin-Energie überschießt. Die überschießenden Yang- und Yin-Energien entsprechen den Antreiber-Sabotage-Fallen, die unbewusst das Leben eines Menschen sabotieren. Wird der Yang-Anteil durch negative Botschaften und unpassende Einschränkungen von außen zu sehr angetrieben, führt dies letztlich zu einer Überreaktion und wird äußerlich sichtbar durch die Antreiberverhaltensmuster. Das kann bis zu einem Ausbrennen oder Zusammenbruch der Energie, zum Burnout führen. Das Gegenteil ist der Fall, wenn der Yin-Anteil in ein Übergewicht gerät, beispielsweise durch Unterforderung, Desinteresse und Langeweile am Arbeitsplatz. Mögliche Folgeerscheinungen dieses Energieungleichgewichts können Müdigkeit, Lustlosigkeit und Frustrationssymptome sein. Dies kann bis hin zu völliger Erschöpfung oder dem Gefühl der Energieleere, zum Boreout, führen.

Überschießende Energie sinnvoll zu reorganisieren, liegt nicht nur im Interesse jedes Einzelnen sondern ist bedeutsam für unser gesamtes berufliches und gesamtgesellschaftliches Leben. Für ein robustes Lebenskonzept, das tragfähig und belastbar ist, braucht es einen guten Zugang zu den eigenen Reserven und einen achtsamen Umgang mit der Lebensenergie.

Warum ist es so schwer, einen ausgewogenen Zustand zu erreichen? Was sabotiert die Fähigkeit, ein robustes Lebenskonzept zu leben?

Die Freiheit das zu sehen und zu hören, was im Moment wirklich da ist,
- anstatt was sein sollte, gewesen ist oder erst sein wird.

Die Freiheit, das auszusprechen, was ich wirklich fühle und denke,
- und nicht das, was von mir erwartet wird.

Die Freiheit, zu meinen Gefühlen zu stehen,
- und nicht etwas anderes vorzutäuschen.

Die Freiheit, um das zu bitten, was ich brauche,
- anstatt immer erst auf Erlaubnis zu warten.

Die Freiheit, in eigener Verantwortung Risiken einzugehen,
- anstatt immer nur „auf Nummer sicher zu gehen" und nichts Neues zu wagen.

Virginia Satir (Satir 1991, S. 27)

Der Mensch ist von Geburt an auf der Suche nach Möglichkeiten, die während der embryonalen Entwicklung gemachte Erfahrung von „Zugehörigkeit und Entfaltung all seiner Potenziale" weiterhin zu leben. Sein Energiesystem unterstützt ihn dabei mit fünf sich untereinander bedingenden Formen bewegender Energien.

Nachfolgend die fünf Energien, angelehnt an das Modell von Schneider (Schneider 2008):

1. Die Energie, sich zeitlich und räumlich zu orientieren und selbst komplexe Handlungsabläufe mit der passenden Geschwindigkeit anzugehen. So kann der Mensch sich sowohl beeilen (sprinten) als auch ruhig fließend bewegen (komplexes Raum-Zeitgefühl).

2. Die Energie, die eigene Kraft wohldosiert mit hohem Engagement einzusetzen. Der Mensch kann sowohl bis an seine Grenzen gehen als auch angemessen und ruhig pro-aktiv handeln (Durchhaltevermögen).

3. Die Energie, sich in sich selbst und andere einfühlen zu können, sowohl hilfsbereit zu sein als auch die eigenen Bedürfnisse zu achten (Einfühlungsvermögen).

4. Die Energie, sowohl sorgfältig und präzise für die jeweilige Handlung das Passende zu finden und zu nutzen als auch Vorschläge anzunehmen und eigene Fehler zu erlauben (Sorgfalts- und Präzisionsfähigkeit).

5. Die Energie, sowohl eine angemessene Distanzierungsfähigkeit zur Umwelt und den eigenen Handlungen zu entwickeln als auch Hilfe in Anspruch nehmen zu können (selbstbestimmte Disziplin).

Sind die fünf bewegenden Energien im Fluss, ermöglichen sie einen freien Zugang zu den Grundbedürfnissen und entsprechenden Handlungen. Dies geschieht nach dem Prinzip „sowohl als auch". Aufgaben werden als Herausforderungen verstanden. Diese können mit Begeisterung und

Ausdauer, oftmals im Zusammenspiel mit anderen, bewältigt werden. Es ergibt sich ein gleichmäßiger Fluss der Energie, der sich bewegt zwischen „sowohl", z. B. beeilen, und „als auch", z. B. ruhig fließen. Das Gleichgewicht in der Situation „sowohl als auch" kann leicht gestört werden und in „entweder oder" umschlagen. In dem Fall wird der Mensch in einem der Extreme gefangen: im „entweder", z. B. beeilen, oder eben im „oder", z. B. langsam fließen. Die Energie ist dann nicht mehr im Gleichgewicht.

Aus dem Ungleichgewicht entwickelt sich bei überschießendem Yang ein permanenter Energieantrieb, der sich in verschiedenen Mustern äußern kann. Diese meist unbewussten Handlungsmuster sind gekoppelt mit „Ich muss immer … schnell sein, mich anstrengen, mich einfühlen, perfekt sein und stark sein". Es entsteht eine nicht heilsame Dynamik, die so eskalieren kann, dass die Energie außer Kontrolle gerät. Dabei blockieren die Energien nicht nur den gesunden Zugang zu körperlichen, emotionalen, mentalen oder intuitiven Prozessen. Sie sabotieren sogar diese Möglichkeiten und die entstehende Dynamik treibt den Menschen zunehmend von sich und seinen Bedürfnissen fort.

Eine übersteigerte Energie (Yang-Überschuss) führt zu folgenden Merkmalen:

- Komplexes Raum-Zeitgefühl kann den Menschen zum **Hektiker** werden lassen (beeil Dich) anstelle sich in angemessener Geschwindigkeit und Zeit zu bewegen und sich auf das Wesentliche auszurichten.

- Durchhaltevermögen lässt ihn zum **Unermüdlichen** werden (streng Dich an/gib Dir Mühe) anstelle aus der Mitte seiner Kraft bewusst engagiert zu handeln.

- Einfühlungsvermögen lässt ihn zum **Ja-Sager** werden (mach es allen recht) anstelle authentisch, die eigenen Bedürfnisse achtend, sich hilfsbereit den Mitmenschen zuzuwenden.

- Sorgfalts- und Präzisionsfähigkeit lassen ihn zum **Perfektionisten** werden (sei perfekt) anstelle mit einer Haltung der heiteren Gelassenheit sein Bestes zu geben.

- Selbstbestimmte Disziplin lässt ihn zum tragischen **Helden** werden (sei stark) anstelle mit einem guten Einfühlungsvermögen (in sich und andere) authentisch zu Handeln.

Hierbei handelt es sich um eine Überaktivierung von Energie. Vollkommene Erschöpfung ist nicht selten die Folge und lässt Gefühle der Unlust, der Apathie und des Getriebenseins zurück.

Wenn das Ungleichgewicht durch einen Yin-Überschuss verursacht wird, sind folgende Symptomen kennzeichnend:

- Stillstand (jetzt ganz langsam) anstatt einer angemessenen Geschwindigkeit und Ausrichtung;

- Null-Bock (mal ganz lässig) anstelle die eigene Kraft wahrzunehmen und gelassen die Initiative zu ergreifen;

- Verweigerung (ihr könnt/du kannst mich mal) anstelle eines gesunden, wohlwollenden Nähe-Distanzerlebens zu den Mitmenschen;

- „Alles Egal"-Haltung (mich versteht keiner) anstelle mit sich zufrieden bestrebt zu sein, sein Bestes zu geben;

- Unterwerfung und Leiden (mit mir könnt ihr es machen) anstelle einer gesunden Fähigkeit der Abgrenzung und Achtung der eigenen Gefühle und der Gefühle anderer.

- Ein Yin-Überschuss wird charakterisiert durch einen Verlust an Energie sowie Antrieb und kann zur vollkommenen Erschöpfung führen.

Das richtige Maß finden

Der Schlüssel zur Lösung liegt im Erzielen und Halten eines Gleichgewichtes der Energien, also in der Mitte zwischen diesen beiden Extremen. Anzustreben ist ein Ausgleich der jeweiligen Energiequalitäten, der durch die Entwicklung einer „Sowohl als auch"-Haltung erreicht werden kann.

Wir haben die Erfahrung gemacht, dass bei vielen unserer Klienten mehrere Antreiber-Sabotage-Fallen vertreten waren und das Leben dieser Menschen sabotierten. Das äußert sich in Sätzen wie: „Ich muss immer für andere da sein. Ohne mich geht es nicht. Ich darf keine Fehler machen. Ich darf mir keine Schwäche erlauben."

> Die Räuber und die Tugendhelden sind wohl verschieden an Moral; aber darin, dass sie ihre ursprüngliche Art verloren haben, sind sie einander gleich.
>
> Dschuang Dsi

Problematisch ist die paradoxe Situation: Einerseits befähigt die antreibende Energiequalität den Menschen, Teile seiner Grundbedürfnisse zu befriedigen; andererseits ist die Ausbeutung der inneren Energiequelle so groß, dass eine wirkliche Freude und ein Genuss des „Gewinns" nicht erreicht werden. Der permanente Antrieb verschafft schnell Ermüdung und ein Gefühl des Getriebenseins, der Lustlosigkeit und Unzufriedenheit, da implizit gespürt wird „das schaffe ich ja nie". Sich dieser Dynamiken bewusst zu werden, ist ein erster Schritt zum intelligenten Umgang mit den eigenen Energiereserven und -potenzialen. Die Kunst zur intelligenten Nutzung der eigenen Energie beinhaltet zunächst das Fühlen des aktuellen Energieniveaus und ein Abschätzen der eigenen Belastung. Dazu können die nachfolgenden Informationen bezüglich der Vor- und Nachteile der jeweiligen Yang- und Ying-Energiequalitäten und ihrer Qualität in ausgewogenem Zustand (wenn Yin und Yang im Element ausgeglichen wirken) beitragen.

Kraftvoller, stärkender Energiekreislauf oder sabotierender Energiekreislauf

Holzelement: Dieser Mensch kann sich seinen Herausforderungen stellen, Schwierigkeiten überwinden und Unbekanntes erobern. Ein **Pionier- oder Abenteuergeist** ist spürbar. Dabei erlaubt der Mensch sich, die Zeit zu nehmen, die er für sein Tun benötigt. Er beachtet seinen Rhythmus, seine Lage und Kondition. Diese Kraft ermöglicht ihm das Holzelement.

Zuviel: Dieser Mensch stellt sich seinen Herausforderungen, ohne seine Zeit achtsam zu planen und auf seinen Rhythmus zu achten. Das immerwährende „Sich beeilen wollen um jeden Preis", lässt ihn zum **Hektiker** werden.
Zuwenig: Im Yin-Überschuss blockiert dieser Mensch seine eigenen Entwicklungschancen, indem er das Tempo drosselt, nach dem Motto: „Jetzt aber langsam", bis hin zu **Stillstand**, zu einem trägen Charakter.

Feuerelement: Das Feuerelement stärkt die Lust, Träume zu verwirklichen und nährt den Glauben, dass Wünsche erfüllt werden können. Die Energie stärkt den Antrieb „es zu tun" mit der Erlaubnis, die Dinge ruhig und mit klarem Blick für das Wesentliche anzugehen. Die anziehende und inspirierende Kraft wirkt magisch, ohne den Menschen über seine Kräfte hinaus zu treiben. Der Mensch fühlt sich als **König** in seinem „Reich", erfolgreich und genießend.

Zuviel: Die antreibende Feuerenergie verstärkt eine hektische Betriebsamkeit. Arbeitszeiten und Pausen werden nicht mehr eingehalten. Alles wird anstrengend und die „königlichen" Potenziale gehen verloren. Zurück bleibt der **Unermüdliche,** ein erschöpfter freudloser Schaffer.
Zuwenig: Der Mensch verweigert sich seiner Kraft völlig, hat zu allem **„null Bock"** und legt Wert darauf, es lässig anzugehen. Er will sich nicht in die Mühlen des Schaffens ziehen lassen und kommt so zu keinem Ziel.

Erdelement: Bei einem ausgeglichenen Erdelement sind dem Menschen Harmonie und Einheit wichtig, ähnlich eines **Vermittlers,** ohne übertrieben um jeden Preis danach zu buhlen. Er fühlt sich auch in Ordnung, wenn andere nicht mit ihm zufrieden sind. Ausgerichtet, beharrlich und entspannt folgt er seinem angestrebten Ziel und achtet dabei auf seine Bedürfnisse, Gedanken und Gefühle.

Zuviel: Die eigenen Bedürfnisse werden ignoriert, die der Anderen stehen im Vordergrund. Die eigenen Ziele können nicht umgesetzt werden, da er bei jeder Bitte ein **Ja-Sager** und immer für Andere da ist. Kritik und negative Feedbacks werden persönlich genommen; sie werden als Undankbarkeit empfunden.
Zuwenig: Er wird zum **Verweigerer,** rebelliert und trotzt den Anforderungen von Anderen mit der inneren Haltung „Ihr könnt/Du kannst mich mal". Beziehungen werden auf Distanz gehalten, weil er glaubt, nur so selbstbestimmt handeln zu können.

Metallelement: Sein Handeln beobachtet, studiert und analysiert dieser Mensch, um grundlegende Prinzipien und Strategien daraus zu gewinnen und sein Ziel in den Dienst einer universalen Ordnung stellen zu können. Dabei erlaubt er sich, Fehler zu machen ohne sich stets dafür rechtfertigen zu müssen. So wie er ist, ist er gut genug, wenn das Metallelement ausgewogen die archaische Kraft des inneren **Richters** oder **Lehrers** hinzufügt.

Zuviel: In ausgelaugtem Energiezustand werden die richterlichen Qualitäten zwanghaft. Fehler können nicht erlaubt werden: ein **Perfektionist.** Seine permanente Kontrolle bei sich und anderen lässt ihn verbittert, hart und arrogant erscheinen. Lob und Freude für erbrachte Leistung erlaubt er sich nicht. Nichts kann wirklich gut genug sein, da er mit Sicherheit das „Haar in der Suppe" findet.
Zuwenig: Im Yin-Überschuss bricht das Kartenhaus des Menschen zusammen. Er fühlt sich als **Unverstandener** und in seinem präzisen Handeln nicht wahrgenommen. Ihm ist jetzt alles egal und er lässt sich hängen.

Wasserelement: Der Mensch will den Dingen auf den Grund gehen und seine schöpferische Kraft spüren. Im ausgewogenen Wasserelement sind ihm das Erforschen einer dahinter liegenden Wahrheit und das Entdecken verborgener Strukturen wichtig. Dies treibt ihn über sein Ziel hinaus. Ähnlich einem **Weisen** ist er sich seiner Wünsche bewusst, spricht offen darüber und wenn ihm danach ist, kann er auch seine Gefühle achtsam mitteilen. Zuwendung und Konfrontation sind für ihn mögliche Handlungsmuster auf dem Weg zu seiner Vision.

Zuviel: Verdrossen arbeitet der Mensch weiter und zieht sich zunehmend in sich selbst zurück. Von seiner Umwelt schottet er sich ab, da sie oftmals als feindlich empfunden wird. Der Alltag wird zum Kampf und er muss beständig stark sein. Hilfe kann er sich nicht holen, ähnlich einem tragischen **Helden** im Roman, der glaubt, sich Schwäche nicht erlauben zu dürfen.
Zuwenig: Der Mensch quält sich selbst und hat das Gefühl, von der Welt, die er ertragen muss, gequält zu werden. Seine eigenen Bedürfnisse bleiben außen vor. Er unterwirft sich den Wünschen anderer und in dieser **Opfer-Rolle** leidet er still vor sich hin.

Eines oder mehrere dieser sabotierenden Muster kann auf eine Antreiber-Sabotage-Falle hinweisen.

3 Wie entstehen Sabotage-Fallen?

Sabotage-Fallen können durch vielfältige Ereignisse ausgelöst werden. In der energetischen Psychologie werden als Ursache für psychische Umkehrungen häufig Unfälle oder Traumata beschrieben. Auch weniger dramatische Ereignisse, die zu einem Energieungleichgewicht führen, können Auslöser sein. So kann beispielsweise ein „Lieblingsspielzeug", das ein Kind an einen Freund ausgeliehen hatte und defekt oder gar nicht zurückbekam, auch im Erwachsenenalter noch dafür sorgen, nichts zu verleihen. Dabei ist ein inneres Glaubensmuster (Sabotage-Falle) entstanden: „Andere achten meinen Besitz nicht; ich darf nichts mehr verleihen."

Die Antreiber-Sabotage-Fallen resultieren aus dem „angeborenen" Bedürfnis nach Verbundenheit und Autonomie und den nachgeburtlichen Erfahrungen mit dem Bestreben nach Befriedigung dieser Bedürfnisse. Die Anstrengungen werden erhöht und somit die Energie angetrieben, um zum Ziel zu kommen. Daraus kann eine überschießende Energiequalität entstehen.

In der Natur ist alles in Fülle vorhanden und auch das Neugeborene wird mit einem ausreichenden Energiepotenzial beschenkt, um sich zugehörig zu fühlen und sich entfalten zu können. Wir gehen davon aus, dass der Mensch zu Beginn seines Lebens über ein ausgewogenes, stabiles Energiesystem verfügt. Diese zunächst „bewegende und aktivierende" Energie reagiert wie ein Seismograph auf äußere Einflüsse bei dem Versuch des Menschen, sich an eine Bezugsperson anzunähern und gleichzeitig zu üben, sich abzugrenzen, die eigene Zeit zu finden für die Aufgaben, die das Leben ihm stellt und Fehler, die sich unweigerlich einstellen, zu managen, Leistungslust zu spüren und mit den eigenen Gefühlen umgehen zu können. Wird diese Energie, zu stark angetrieben, kann aus der bewegenden Energie eine negativ wirkende Kraft werden. Festigt sich diese Ausrichtung, so sprechen wir von Sabotage-Fallen.

Um diese Ausrichtung zu vermeiden, ist es notwendig, die Energien zu harmonisieren und eine Ordnung in die vielfältigen inneren energetischen Prozesse des Menschen (Körper, Emotionen, Verstand, Intuition) und seiner Beziehungen zur Außenwelt (Natur) zu bringen. Wie kann diese Harmonisierung der Energien gelingen?

Vor dem Hintergrund neuer Erkenntnisse der modernen Hirnforschung richtet sich unser Fokus zunächst auf den Anfang menschlicher Lernprozesse, die frühe Kindheit. Frühkindliche Lern- und Bildungsprozesse dienen dem Kind dazu, sich die Welt anzueignen und sich an diese anzupassen (Wachsen und zugehören wollen) und sind zunächst vornehmlich *„Bildung des Handelns und Denkens mit Hilfe der Sinne, des Körpers, der Emotionen und der daraus entstehenden repräsentationalen Welt"* (Schäfer 2011, S. 34). Mit Hilfe seiner Sinne, seines Körpers und seiner Emotionen entwickelt das Kind demnach sein Denken und Handeln und damit seine eigene Welt. Das Gehirn nimmt dabei die Rolle des Vermittlers zwischen den inneren körperlichen, emotionalen und mentalen Prozessen und dem Verhältnis des Kindes zur Außenwelt ein.

Jedes Kind kommt als Finder und Erfinder auf die Welt: Das frühkindliche Gehirn verfügt über unzählige Verschaltungsmöglichkeiten, um gewünschte Erlebnis- und Handlungsschritte anzugehen. Diese Verschaltungen werden mit jedem Lernprozess reduziert. Dem Prinzip folgend, dass in der Natur nur „überlebt", was zum Überleben bedeutsam ist, entwickelt das Gehirn die Denkfähigkeiten, die in seinem Lebensrahmen gebraucht werden und bildet alle anderen Nervenverbindungen (Möglichkeiten der Entwicklung) zurück, die keine soziale Resonanz finden. Bedeutsam für das Kind ist die Erfüllung seiner Grundbedürfnisse nach Verbundenheit, Nähe und Geborgenheit und die Entfaltung seiner Potenziale, um autonom und frei werden zu können. Jedes Mal wenn ihm das gelingt, geht im Gehirn des Kindes, wie der Hirnforscher Hüther es definiert, *„… die Begeisterungsgießkanne mit dem Düngerstrahl an, der die dabei aktivierten Netzwerke und Verschaltungen zum Wachsen bringt"* (Hüther 2011, S. 97). Damit ist die Produktion und Ausschüttung einer Substanz (BDNV, brain-derived neurotrophic factor) im Gehirn gemeint, die für das Bestehen und Wachsen von Nervenzellen notwendig ist und Nährstoffe liefert.

Was Kinder im Umgang mit ihrer sozialen und kulturellen Umwelt dabei in der frühen Lernphase erfahren und vor allem, „wie" sie es erfahren *„… prägen Kinder bis in die Gehirnarchitektur hinein und bestimmen damit das Bild von der Welt, von dem Kinder ausgehen"* (Schäfer 2011, S. 30). Ein wichtiger Aspekt hierfür ist das Vertrauen, das der Mensch im gesamten Leben zur optimalen Lernfähigkeit braucht. Vertrauen wird verstanden im Sinne der Selbstwirksamkeitsüberzeugung *„… in die Lösbarkeit schwieriger Situationen gemeinsam mit anderen Menschen und als Vertrauen in die Sinnhaftigkeit der Welt und das eigene Geborgen- und Gehaltensein in der Welt"* (Hüther 2011, S. 124). Ist eine solche Basis geschaffen, kann der Mensch seine Potenziale entfalten, wenn, laut der heutigen Bildungswissenschaften, ein „Wie" ermöglicht wird. Nach Schäfer gelingt dies, indem nicht nur bereits vorhandenes Wissen angeeignet und verstanden wird, sondern auch Neues hervorgelockt wird mit Hilfe der *„… Fähigkeit, einen neuen Blick auf neue oder alte Probleme zu werfen, damit sie lösbar werden. Die Bildung einer differenzierten Wahrnehmungsfähigkeit, ein Geist, der seine Umwelt immer wieder mit neuen Augen sieht, ein Vorstellungsvermögen, das diese Wahrnehmungswelt neu zusammensetzt, Fantasie, die sich neue Szenarien ausdenkt, das gehört genauso zu einem produktiven, problemlösenden Denken, wie ein wacher Verstand, analytisches Denkvermögen und logisch-prüfendes Denken"* (Schäfer 2011, S. 54).

Betrachtet man den wechselseitigen Regulationsprozess aus energetischer Sicht, so beinhaltet er ein komplexes, dynamisches Energiemanagement, um alle Funktionen und inneren Kommunikationsabläufe der körperlichen, emotionalen und mentalen Bereiche mit ausreichend Energie zu versorgen und gleichzeitig auf von außen einwirkende Energien zu reagieren. Diese energetische Balance zu gewährleisten ist eine der Aufgaben der fünf Elemente, die als archaische Urkräfte wirksam werden. Dazu gehören auch die unterschiedlichen antreibenden Energien und Erlauber, die Teil dieser Kräfte sind. Pulsiert die Kraft der fünf Elemente ausgewogen und frei im Menschen, so wird dies sichtbar dadurch, dass er sich gemäß seiner „Natur" entfalten kann und seine Potenziale lebt. Antreibende und erlaubende Energien sind in Harmonie und unterstützen Tatkraft und Potenzialentfaltung. Ein Ungleichgewicht dieses Kreislaufes führt zu sabotierenden Denk- und Handlungsmustern.

Entscheidend für die Entwicklung des Menschen ist die Energiequalität, das Gleichgewicht von Yin und Yang in den einzelnen Wandlungsphasen (Elemente). Wir gehen davon aus, dass die

Yang-Energie der einzelnen Elemente es dem Menschen ermöglicht, die ihm wesentlichen Grundbedürfnisse „*Zuneigung, Nähe und Verbundenheit*" (Hüther 2011, S. 96) zu befriedigen und sich in seiner Welt optimal zu entfalten. Die Yang-Energie repräsentiert das dynamische Streben nach Befriedigung der Zugehörigkeit und der kreativen Entfaltung. Handlungsfähigkeit wird gestärkt und der Drang nach Verwirklichung aktiviert, da die Yang-Energie das schöpferische Prinzip symbolisiert. Wird in der Familie eine oder mehrere bewegende Yang-Energie(n) längere Zeit zu sehr angeregt, entwickelt sich daraus ein Überschuss und schließlich eine Sabotage-Falle des Elements. Erfährt das Kind erst bei intensivem Einsatz einer dieser Energien eine positive Bedürfnisbefriedigung, dann macht es die Regel daraus: „Genau so sollte ich mich verhalten, mit Zeit und Fehlern umgehen, Beziehungen gestalten, Gefühle zulassen und Leistung definieren."

Aus energetischer Sicht kann die Umwelt die Entwicklung der individuellen Energiedynamik fördern oder unterbinden. Die Umwelt erschafft eine ganz spezielle Wirklichkeit, in welcher ein Kind agieren lernt und deren Logik es übernimmt. Die sich daraus entwickelnde Energiequalität bildet den Nährboden aller weiteren Erfahrungen. Sie bestimmt, ob das Leben des Menschen von Anfang an energetisch gestärkt wird oder ob es energetisch blockiert wird aufgrund von Sabotage-Fallen, die das gesamte Energiesystem mit ihrer destruktiven Kraft unterwandern. Die überschießende Yang-Energie des jeweiligen Elementes hat auf Dauer schwerwiegende Folgen für das Selbstbewusstsein des heranreifenden Menschen.

3.1
Durchdachtes Zeit- und Zielmanagement versus hektisches Treiben (Holzelement)

Die Wandlungsphase Holz verkörpert die Energie des Frühlings, also des Neuanfangs mit dem Streben in alle Richtungen. Es ist noch alles möglich und in dieser Zeit sollte angelegt werden, was im Verlauf des Jahres als Ernte erwünscht ist. Die Natur nutzt die ersten warmen Strahlen der Sonne zum Austreiben neuer Triebe. Diese Energie verleiht dem Kind die Fähigkeit, prompt alles aufzunehmen und die Fülle des Lebens erfahren zu wollen. Die bewegende Energie des Holzelements erlaubt ihm eine gewandte, schnelle Auffassungsgabe und Orientierungsfähigkeit. Sein Gehirn ist wie ein Schwamm, der begeisternde Eindrücke aufsaugt und blitzschnell in Handlungsmuster umsetzt. Das Kind ist ein wahrer „Lernturbo", wie es in der Pädagogik bezeichnet wird. Die damit verbundene Energie entfesselt seine Entdeckerfreude und treibt es an, unaufhörlich zu forschen und Wissen zu erlangen.

> Man verliert die meiste Zeit damit, daß man Zeit gewinnen will.
>
> John Steinbeck

Wenn die Eltern auf diesen Forschergeist, auf dieses Tüfteln und Probieren, mit der Botschaft reagieren: „Nimm dir Zeit", „Du darfst dir Zeit lassen", „Mach es in deinem Tempo", so erlauben sie dem Kind, seine Energie zu kultivieren. Damit schaffen sie die Grundlage für eine Energie hoher Aktivitäts- und Leistungsbereitschaft. Es lernt sich sowohl beeilen zu können als auch Aufgaben in seiner Geschwindigkeit zu verrichten, nach dem Motto: Alles zu seiner Zeit.

Grundlegendes Bedürfnis	Energiefluss im Gleichgewicht	Bewegende Energie	Yang-Überschuss	Yin-Überschuss
Die Fülle des Lebens erfahren und Wichtiges schaffen	Komplexes Raum-Zeitgefühl; sich angemessen in seiner Zeit bewegen	**Sei aktiv**	Beeil Dich! Mach schnell! Sei immer auf Trab! **Hektiker**	Jetzt ganz langsam, nur nicht hetzen **Der Träge**

Es kann auch sein, dass die Eltern dem Kind das Gegenteil vorleben oder ungeduldig reagieren, und mit ihrem Verhalten, in Worten oder in Handlungsweisen folgende Botschaft vermitteln: „Mach schnell!", „Rasch, beeil dich!", „Trödel hier nicht rum!", „Voran jetzt!", „Los jetzt!", „Wer zuerst kommt, mahlt zuerst!". In dem Fall kann sich aus der Anpassungsfähigkeit und Forscherenergie des Kindes eine destruktive Kraft entwickeln nach dem Motto: „Ich muss schnell sein, ich muss mich immer beeilen, dann verpasse ich nichts und bleibe richtig." In der entstehenden Hektik steigt die Tendenz zu Fehlern und Unsicherheit.

In dem Fall sprechen wir von einer energetischen Sabotage-Falle im Holzelement. Körperlich, emotional, mental und intuitiv gefangen in der Zeitfalle, macht der Mensch wiederholt die Erfahrung, keine Zeit zu haben. Aufgrund der übersteigerten Antriebsenergie entsteht ein hoher Anspruch, möglichst viele Dinge zeitgleich und schnellstmöglich zu erledigen, wobei kein Ziel detailliert angegangen wird. Die vormals positiv angelegte Aktivitäts- und Leistungsbereitschaft endet in Hektik und raubt jede Entdeckerfreude und Gestaltungslust. Gedanken und Willensimpulse sind auf nichts Bestimmtes gerichtet und wirken orientierungslos. Dabei wird jede Menge Energie verpufft.

In der Regel bemüht sich der später Erwachsene mittels Willenskraft und Zeitmanagementstrategien, seinen Zustand zu verbessern. Doch damit bewegt er sich meistens in den Teufelskreislauf dieser Form der Sabotage-Falle hinein. Im Extremfall wird er trotz effektiven Zeitmanagements das Gefühl haben, noch nicht schnell genug zu sein und steigert sein Unfähigkeitsempfinden.

3.2
Begeistertes Durchhalten versus frustriertes Bemühen (Feuerelement)

Nach dem Frühling folgt der Sommer, die Wandlungsphase Feuer. Die Natur setzt ihre Energie ein, um das im Frühjahr Angelegte zur Ausreifung zu bringen. Ein Kind spürt diese Energie als Auftrieb, sich weiter zu bewegen und als innere ruhige Kraft bzw. Gewissheit, alles schaffen zu können. Es setzt seine Entdeckunge und Leistungsbereitschaft in aktives und entschlossenes Handeln um und will seine Vorhaben verwirklichen. Seine Energie wahrnehmend will es sich selbst beweisen, dass es seine Ziele mit eigener Kraft erreichen kann. „Ich will alleine" ist ein erster sprachlicher Ausdruck dieser treibenden Kraft. Die antreibende Feuer-Energie unterstützt den

Prozess des „Sich verbinden wollens" und des „Erkundens" mit gebündelter Ausdauer und Durchhaltekraft. Mit Begeisterung und Motivation gelingt es dem Kind, seine Antworten auf die Fragen des Lebens selbst zu finden, eigene Theorien und Pläne in die Tat umzusetzen.

Die Energie der Vision, so zeigt eine aktuelle Studie, beflügelt Schüler in ihrer Leistungslust und schlägt sich am Ende eines Schuljahres sogar in optimalen Schulnoten nieder. Im Rahmen der Studie wurden Schüler der achten Klasse zu ihren Traumberufen befragt. Es zeigte sich, dass die Schüler, die ihr Lernen als Investition in ihre Zukunft für ihren Traumberuf verstanden, freiwillig intensiv lernten und ihre Hausaufgaben gerne machten. Selbst Zusatzaufgaben übernahmen sie bereitwillig für dieses Ziel. Mit einem weiteren Test wurde bestätigt, dass nicht die Verlockung eines hohen Einkommens in der Zukunft anspornt, sondern die Hoffnung, die eigenen Träume zu verwirklichen: Voller Freude, sich voll einzusetzen für das, was man liebt (Mesmin/Oyserman 2010, S. 846).

Grundlegendes Bedürfnis	**Energiefluss im Gleichgewicht**	**Bewegende Energie**	**Yang-Überschuss**	**Yin-Überschuss**
Etwas leisten und erfolgreich sein	Durchhalte-Vermögen; aus der eigenen inneren Kraft besonnen und gelassen handeln	**Halte durch**	Streng Dich an! Gib Dir Mühe! Nur Schweres ist wertvoll! **Der Unermüdlich**	Alles ist einfach, mal ganz lässig **Null-Bock-Typ**

Leben die Eltern dem Kind vor, dass Ziele locker, leicht und beschwingt erreicht werden dürfen und diese auch gefeiert werden, lernt das Kind, seine Leistungen anzuerkennen und sich darüber zu freuen. „Es darf leicht sein. Ich erlaube mir, vieles gelassen zu sehen. Weniger ist mehr – locker und loslassen." Das freie Fließen dieser Energiepotenziale wird durch das Interesse des Erwachsenen an dem, was das Kind tut, das sensible Wahrnehmen des Fühlens und Empfindens des Kindes und seiner Gedankenwelt, die Offenheit für Unerwartetes und Überraschendes, ohne es belehren zu wollen, ermöglicht: „Ich brauche nicht für dich zu sorgen, indem ich dir das Denken abnehme". Diese Haltung beinhaltet das Würdigen der produktiven Problemlösungen des Kindes, bei den Aufgaben, die das Kind sich selbst gestellt und ausgeführt hat. Es ist die optimale Unterstützung der Energie des Feuerelements. Auf diese Weise kann sich die Energie des Feuerelements ungehindert ausrichten hin zu einer stärkenden Durchhalte- und Beharrungsenergie. „Streng Dich an" kann dann umgesetzt werden im Sinne des Anstrengens für eine Sache oder ein Ziel, das einem sinnhaft und damit wirklich wichtig ist. Das Kind lernt, andere Bedürfnisse leichter zurückzuhalten und seine Energie auf das angestrebte Ziel zu fokussieren. Mit Hilfe eigener Strategien, Pläne und Tatkraft lernt es, einen unüberschaubaren Wirklichkeitsausschnitt so zu organisieren und zu ordnen, dass es zur Lösung sinnvolle Fragen findet, die es selbst beantworten kann. Die Erfahrung der Selbstwirksamkeit lässt im Gehirn jene neuroplastischen Botenstoffe ausschütten, die Hüther als „Dünger", also Nährstoffe, bezeichnet. Es ermöglicht das Wachstum und die Verbesserung der neuronalen Netzwerke, die im Hirn für diesen Zielprozess aktiviert wurden und werden. Zugleich bestärkt es die kindliche Selbstwirksamkeitserwartung und das Gefühl: „Ich darf Leistung zeigen und dazu gehört leben, lieben, lachen". Initiative für seine Aufgaben sind sichtbare Früchte einer ausgewogenen Yang-Energie im Feuerelement.

Gegensätzlich wirkt, wenn Eltern die Leistungen und sogar erhaltenes Lob abwerten, mit Sätzen wie z.B. „Das war doch gar nichts", „Das ging doch ganz einfach". Oder sie loben ihr Kind nur, wenn es das tut, was es machen sollte (instruiertes Lernen). Oftmals nehmen Eltern kaum oder gar nicht teil an den kindlichen Interessen und Zielen, was häufig daran liegt, dass sie selbst nicht gelernt haben, ihre eigene Leistung wertzuschätzen. Da Kinder die Wertungen und Handlungsweisen ihrer Eltern nicht wirklich hinterfragen, sondern als richtig wahrnehmen, glauben sie, dass ihre Leistung nicht ausreicht. Wenn die „großen" Eltern davon überzeugt sind, muss es stimmen. Vielleicht hören sie auch öfters „Nun streng dich mal etwas an, dann kannst du das auch" oder „Wenn du so schnell fertig geworden bist, kann das ja nicht so schwer gewesen sein". Durch solche Verhaltensweisen wird die Feuer-Energie des Kindes beständig weiter angetrieben in dem Bemühen, eine „angemessene" Leistung zu erreichen.

Warum entwickelt sich diese Leistungsspirale? Kinder kommen als „Lernturbos" auf die Welt: Ihre Lust auf alles Neue, treibt sie an, neue Möglichkeiten zu nutzen und ihren Entwicklungsprozess voranzubringen. Kinder sind Erfahrungslerner. Von Ihrer Umwelt lernen sie, wie die von ihnen gemachten Erfahrungen zu verstehen sind „... *wie man mit den Erfahrungen umgeht, die man macht, wie man sie verarbeitet, sie lernen, wie man (...) denkt"* (Schäfer 2011, S. 69). *„Sie werden aber von den Erwachsenen dabei so wenig verstanden, weil bei diesen im Lauf des Erwachsenwerdens das explizite Lernen einen so hohe Wertung erfahren hat, dass das Lernen aus Erfahrung demgegenüber als wenig begründbar und verlässlich erscheinen muss. Allein dadurch, dass wir in unserer kulturellen und gesellschaftlichen Praxis verwickelt sind, vermittelt sich uns diese Wertschätzung so sehr, dass wir geneigt sind, sie als selbstverständlichen Teil der menschlichen Natur zu verkennen."* (Schäfer 2011, S. 110).

Die Energie des Feuerelements hilft dem Kind, den Erfahrungsschatz seines Umfeldes aufzusaugen. Diese Energie befähigt das Kind, mit gebündelter Durchhaltekraft auf alles zu achten und alles aufnehmen, was andere von sich geben, um daraus etwas Eigenes, für sich Brauchbares zu machen. Handelt es sich dabei um die „Aufforderung" sich anzustrengen, hart gegen sich selbst zu sein, noch mehr Leistung zu erbringen und nicht über die eigene Sinnhaftigkeit des Tuns nachzudenken, unterstützt die Energie des Feuerelements diese Prozesse. Die Reaktionen des Kindes und späteren Erwachsenen werden bereits auf einfache Anforderungen zunehmend reflexartiger. Ohne die Sinnhaftigkeit zu reflektieren strengt der Betroffene sich zunehmend an. Im fortgeschrittenen Stadium verliert der Mensch Flexibilität, wird rigide, leidet unter Verdauungs- und Schlafstörungen, Ängste breiten sich aus und er steht sich selbst im Weg. In diesem Fall sprechen wir von einer energetischen Sabotage-Falle im Feuerelement. Der Mensch fühlt sich energetisch überreizt und verschließt sich, um den störenden, ihn überfordernden energetischen Einflüssen aus der Welt zu entkommen. Gleichzeitig spürt er den Drang seines Antreibers, seine Leistung zu steigern. Es kann zu einer inneren Zerreißprobe kommen.

Die innere Überzeugung „ich werde nur geliebt, wenn ich mich anstrenge und Leistung erbringe" bestätigt sich. Der Mensch gerät in Gefahr, die Beziehung zur Außenwelt zu verlieren. Seine ihn immer weiter antreibenden Energie lässt ihn den Sinn in seinem Tun verlieren. Gleichzeitig fühlt er sich durch die Energie der Aktivitäten, Wünsche, Wirkungen und Forderungen der anderen bedroht. Häufig ist Rückzug für diesen Menschen die erfolgreiche Strategie um Herausforderungen, wie beispielsweise Leistungs-, Erwartungs-, Handlungs- oder sonstigem Druck, zu entgehen. Die überschießende Yang-Energie des Feuerelements wirkt auszehrend; gleichzeitig sterben Freude, Liebe und Lust am eigenen Tun (Yin) ab. Das Wirken geht über die eigenen Kräfte: Der Mensch strampelt sich ab, verzettelt sich dabei und kommt nicht auf den Punkt. Er erzielt keinen erfolgreichen Abschluss. Angriff, Verteidigung bis hin zu panischer Flucht oder letztendlich ohnmächtige Erstarrung sind Folgen dieser Form der Sabotage-Falle.

3.3
Ausgleichend beziehungsfähig versus selbstverloren aufopfernd (Erdelement)

Der Spätsommer, die Wandlungsphase Erde, ist die Zeit für Ernte und Genuss; die Natur schwelgt in Fülle. Für den Mensch hält diese Energiequalität eine ausgleichende Kraft bereit: „Ich nehme meine Bedürfnisse, Gedanken und Gefühle ernst und bin mit der Welt verbunden". Durften die Energien der Entdeckerfreude und des sich voll und ganz Einsetzens für eigene Ziele frei fließen, können sich die bereits gewonnenen Handlungs- und Sinneserfahrungen weiter entwickeln. Die Energie des Erdelements lässt Ruhe einkehren und unterstützt die Orientierung an Gemeinsamkeit mit anderen. Es wird möglich, Zuneigung zu erfahren und Nähe zu spüren. Wird diese Energie von der Umwelt angenommen, kann sich das Kind und der später Erwachsene so annehmen wie er ist und geduldig darauf vertrauen, dass das Leben ihm bieten wird, was er benötigt.

> Ich kenne keinen sicheren Weg zum Erfolg, aber einen sicheren Weg zum Misserfolg: es allen recht machen zu wollen.
>
> Platon

Das Erdelement gibt die Energie, sich jedem Kontext bestmöglich anpassen zu können. Diese Energie öffnet den Blick dafür, was wirklich wichtig ist. Entwicklungs-, Stress- und Hirnforschung bestätigen, dass Menschen von Anfang an zum Leben, Wachsen und Entfalten Zuneigung, Nähe und Verbundenheit benötigen, da das neugeborene noch hilfsbedürftige, abhängige Wesen seine Bezugsperson(en), meistens die Eltern, braucht, um genährt und sicher zu sein. Das Kind ist bereit, auch auf eigene Bedürfnisse zu verzichten, um es den Bezugspersonen, die für sein Überleben notwendig sind, recht zu machen.

Wenn ein Kind die Erfahrung macht, dass es die Zuneigung der Bezugspersonen nicht verliert, wenn es sich entgegen den Erwartungen verhält, wird eine ausgeglichene Energie im Erdelement gefördert. Das betrifft Situationen, in denen das Kind erlebt „Ich bin jetzt nicht so, wie andere mich gerade haben wollen". Ebenso trägt die Erlaubnis, einmal „Nein" sagen zu dürfen, ohne dass die Welt davon untergeht, dazu bei, eine zu sehr aktivierte Erd-Energie wieder in ruhigen Fluss zu bringen. Das Kind lernt, sich sensibel und achtsam zu entscheiden, in welchen Situationen es sich anpasst und wann Abgrenzung sinnvoll erscheint. Es erfährt von seinem Umfeld „Wir nehmen deine Bedürfnisse, Gedanken und Gefühle ernst". So kann das Kind seine Energie zunehmend kultivieren bis hin zu hoher Achtsamkeit in Bezug auf das Wahren eigener und anderer Bedürfnisse. Seine Qualität entspricht der eines sozial kompetenten Beziehungsmanagers: beliebt, teamfähig, kompromissbereit, integrierend, hilfsbereit, ausgleichend.

Grundlegendes Bedürfnis	Energiefluss im Gleichgewicht	Bewegende Energie	Yang-Überschuss	Yin-Überschuss
Zuwendung, Zugehörigkeit	Einfühlungsvermögen; ausgewogenes, gefühlsbetontes Nähe-Distanz-empfinden und stimmiges Handeln	**Mach es (anderen) recht**	Mach es allen recht! **Ja-Sager**	Ihr könnt mich mal. Mach es niemandem recht **Verweigerer**

Reagieren die Bezugspersonen ablehnend oder abwertend und wird das Kind nur dann beachtet, wenn es seine Bedürfnisse verleugnet, um sich nach den Wünschen der Eltern zu richten, und „es allen immer recht machen" soll, überflutet die zunächst unterstützende Antriebsenergie des Erdelements das kindliche Tun. Es verliert den Kontakt zu seinen eigenen Bedürfnissen und Wünschen, um sein Verhalten an die Umgebung anzupassen. Seine von der Natur zur Verfügung gestellte Anpassungsfähigkeit entwickelt sich mit der nach der Geburt wahrgenommenen Abhängigkeit von den Bezugspersonen zu einer antreibenden Energie, die das Kind nun darauf ausrichtet: „Mach es unbedingt allen recht, sonst gehörst du nicht dazu". Es grenzt sich nicht ab und nimmt auch keinen authentischen eigenen Standpunkt ein: *„Ohne dieses Gefühl von Verbundenheit und Zugehörigkeit fühlen sich auch noch Erwachsene, aber in noch viel existentiellerer Weise alle kleinen Kinder, allein gelassen, verunsichert, ohnmächtig und hilflos allen Problemen und Schwierigkeiten des Lebens ausgeliefert. Das beherrschende Gefühl in solchen Situationen ist Angst"* (Hüther 2011, S. 96).

Ein Kleinkind erfährt *„... was die Eltern gewöhnlich tun, was sie nicht tun, wer wie streng oder nachgiebig ist, was ein bestimmtes Verhalten nach sich zieht"* und *„... was es mit wem tun oder nicht tun kann"* (Schäfer 2011, S. 105). Wenn beispielsweise ein Kleinkind erkannt hat, dass es mittels lautem Schreien etwas zu essen bekommt, so wird es sein Essen mittels lautem Schreien fordern. Wenn aber lautes Schreien dazu führt, dass das Essen auf sich warten lässt, wird es sich in einer anderen Art melden. Bereits im ersten Lebensjahr entwickelt ein Kind ein strukturiertes Bild von der Welt, in der es lebt, und den dazugehörigen Beziehungen. *„Was gefährlich ist oder Angst erzeugt, wird gemieden, das Angenehme, das Faszinierende gesucht, Freundlichkeit von Ärger geschieden. (...) Über die Entzifferung der Muster des eigenen, des fremden Verhaltens, der Welterfahrungen sowie der emotionalen Bewertung, fügt sich das kleine Kind, noch vor jedem sprachlichen Austausch und jeder Form von Begründung in die grundlegenden Werte, Normen und Einstellungen der Kultur ein, die es umgibt"* (Schäfer 2011, S. 105). Dies ermöglicht dem Kind frühzeitig größtmögliche Orientierung, wie seine grundlegenden Bedürfnisse gestillt werden.

Wir sprechen von einer energetischen Sabotage-Falle im Erdelement, wenn diese Energie überschießt und der Mensch in der Nettigkeitsfalle gefangen ist und das Muster auch im Erwachsenenalter nicht auflösen kann. Unter Nettigkeitsfalle wird verstanden, dass es dem Betreffenden unmöglich ist, sich selbst zu erlauben „Nein" zu sagen. Der Mensch orientiert sich unentwegt an der Außenwelt, versucht unter allen Umständen passend zu sein, so als ginge die Welt unter, wenn es nicht gelingt. Beruflich erfolgt die Anpassung an das Arbeitsumfeld, damit die finanzielle Sicherheit erhalten werden kann, auch wenn die eigene Karriereplanung darunter leidet. Die betreffende Person gibt sich nicht die Erlaubnis zu sagen: „Andere dürfen mit mir unzufrieden sein." Privat zeigt sich, dass das Individuum gerne in Zweisamkeit leben möchte und versucht, es dem Partner und den Kindern grundsätzlich recht zu machen. Nach und nach werden die eigenen Bedürfnisse verdrängt und die Energiereserven völlig ausgebeutet, anstatt sie mittels eigener Bedürfnisbefriedigung zu regenerieren.

3.4
Entspannt genau versus penetrant rechthaberisch (Metallelement)

Die Wandlungsphase Metall beschreibt die Zeit des Herbstes. Die Ernte ist eingebracht und die Lager sind gefüllt. Hat sich der Aufwand gelohnt? Reicht es für den Winter oder sollte etwas verändert werden? Der Herbst beinhaltet all diese Überlegungen nicht nur im Sinne der Ernte auf den Feldern. Auch der Mensch spürt diese Energiebewegung in sich, die ihn nach innen führt. Die Qualität der Metall-Energie bewegt den Menschen, auf das Erarbeitete, das Geschaffte zurückzublicken, ohne es festhalten zu wollen, sich zu reflektieren, sich in manchen Bereichen neu zu orientieren. Einiges kann entschlackt und anderes losgelassen werden. Wichtiges kann von Unwichtigem getrennt werden. Es ist eine Zeit der inneren Ernte.

> Den größten Fehler, den man im Leben machen kann, ist, immer Angst zu haben, einen Fehler zu machen.
>
> Dietrich Bonhoeffer

Fließt die Energie ausgewogen, spürt ein Kind das in einer wohldosierten Form des Perfekt-sein-Wollens. In der Beobachtung eines Kindes beim Spielen lässt sich die stärkende Energie des Metallelements gut erfassen: Man erlebt die unendliche Ausdauer und Geduld des Kindes, sich mit den Dingen auseinanderzusetzen und erkennt den spürbaren Wunsch „Ich will es richtig machen". Dieses „richtig machen" und es vollendet auszuschöpfen, bezieht sich auf das Spielen an sich, nicht auf das Ergebnis des Spiels. Das Kind erfreut sich am Tun und nimmt unvollkommene Dinge und Menschen so an, wie sie sind. Bleibt die Energie im Fluss, wird das spielerische Element erhalten, gepaart mit hoher Präzision und Einsatz von Wissen und Können. Je nach eigenen Grenzen und Möglichkeiten werden weitere Herausforderungen und Schwierigkeitsgrade bewältigt. Die frei fließende Metall-Energie lässt ein Gefühl für den eigenen Rhythmus entstehen und wirkt in Richtung Freiheit und Weite.

Wenn die Eltern nicht den Anspruch an sich haben, alles zu können, frei nach der Devise: „Ich erlaube mir, Fehler zu machen. Ich darf Fehler machen. Aus Fehlern lernst Du genauso wie ich. Es ist nicht tragisch, wenn du oder ich Fehler machen" oder reagieren sie auf den kindlichen Anspruch nach Präzision mit der Erlaubnis „Dein Bestes ist gut genug!" findet ein gesunder Ausgleich dieser bewegenden Energie statt. Das Kind erfährt, dass es selbst Fehler machen darf und auch den Erwachsenen Fehler unterlaufen und sie mit diesen konstruktiv umgehen. Es geht nicht um schuld sein oder nicht schuld sein, sondern darum, zu sich zu stehen: „Ich erlaube mir, mich nicht stets zu rechtfertigen. So wie ich bin, bin ich o.k." Der Sinn für Gelingendes wird geschärft, Zufriedenheit mit der eigenen Leistung erfahrbar und die Energie auf Potenzialentfaltung ausgerichtet. Wird die Energie des Metallelements in dieser Art und Weise kultiviert, entfaltet sich eine „Sowohl-als-auch"-Haltung und das tiefe Bedürfnis nach „alles ist genau so richtig" wird genährt.

Grundlegendes Bedürfnis	**Energiefluss im Gleichgewicht**	**Bewegende Energie**	**Yang-Überschuss**	**Yin-Überschuss**
Das Wissen und Können entsprechend der Fähigkeiten entfalten	Sorgfalts- und Präzisionsfähigkeit; das Beste ist gut genug.	**Mach es richtig**	Sei perfekt! Mach keine Fehler! **Perfektionist**	Mich versteht keiner. Mir ist alles egal **Der Unverstandene**

Spiegeln die Eltern, dass sie selbst niemals Fehler machen, oder erhalten ihre eigenen und die Fehler des Kindes größere Aufmerksamkeit als die erbrachten Leistungen, wird das Kind sich als fehlerhaftes Wesen definieren, da es täglich seine Unvollkommenheit erlebt. Aussagen wie „Und das nennst du ein aufgeräumtes Zimmer?" oder „Okay, du hast das beste Zeugnis der Klasse. Und was ist mit deinem Flötenspiel?" führen zu destruktiven Lernerfahrungen. Energetisch betrachtet wird zunehmend mehr Energie zum Erreichen des Ziels gefordert. Ein Gefühl der Unzulänglichkeit lässt das Kind nicht zur Ruhe kommen. Es beginnt sich zu vergleichen und zweifelt zunehmend an der eigenen Fähigkeit. Drang nach Perfektion sowie beständiges Prüfen und Kontrollieren sind Merkmale dieses gestörten Energieflusses. Weitere Hinweise auf diese Antreiber-Sabotage-Falle sind, Dinge nicht zuende zu führen oder Neues erst gar nicht anzufangen. Dies wird durch folgende Beispiele verdeutlicht: Das Kind baut einen Turm mit Bauklötzen und zeigt ihn stolz seinem Vater. Dieser freut sich darüber und sagt: „Das hast du aber schön gemacht. Komm, ich zeig dir mal, wie du noch höher bauen kannst." Das Kind hilft beim Decken des Tisches und stellt die Tassen nicht zu den Tellern. Die Mutter sagt: „Das hast du gut gemacht aber die Tassen stehen da falsch, die müssen hier hin". In beiden Fällen bleiben die gewünschte Anerkennung der Leistung und auch die damit verbundene Begeisterung und der energetische Ausgleich aus. Die treibende Energie wird angespornt ohne den ausgleichenden Aspekt der Freude über das Erreichte.

Wir sprechen von einer energetischen Sabotage-Falle im Metallelement, wenn der Mensch energetisch auf Hochtouren zu dem gewünschten Ergebnis strebt. Jede Erfahrung, dass wichtige Personen, wie die Eltern, mit ihren Fehlern nicht umgehen können verstärkt den eigenen Anspruch. Dies kann dazu führen, die eigene Leistung zu überprüfen, genauer hinzuschauen und schürt die Sorge, etwas zu übersehen. Anstatt die Energie gezielt und absichtsvoll auf das Ziel auszurichten, beginnt der Mensch, seine Aufmerksamkeit prüfend in alle Richtungen zu lenken. Insbesondere die „nicht gewünschten Bereiche" werden fokussiert und damit energetisiert. Dies führt zu einem zunehmenden Gefühl der Machtlosigkeit und des Gefangenseins. Der Mensch traut sich mit der Zeit weniger zu, wird starr und steif aus dem eifrigen Bemühen heraus „alles richtig zu machen, alles verstehen zu müssen". Resultat dieser Energieausrichtung ist der innere Glaube: „Ich muss perfekt sein und ich muss mir beweisen, dass ich es kann. Mein Bestes ist nicht gut genug." Das wiederum führt zu zunehmender Unzufriedenheit, da die sabotierende Energie des Metallelements den Menschen dazu treibt, nach Vollkommenheit zu streben und „es sich beweisen zu wollen". Dieser Drang kann sich in zwanghaften Zügen äußern, die einen pedantischen Ordnungseifer und Kontrollsucht sowie einen zunehmenden Einsatz, beruflich wie privat, fordern. Dazu gehörende Themen sind beispielsweise, nicht faul und ungeschickt zu sein und den Kollegen zu zeigen, dass man auch Schwieriges bewältigt, es jedesmal noch besser geht. Kritik und Anregungen können kaum angenommen werden, da der Betreffende schon sein Bestes gibt. Gleichzeitig ist gerade diese hohe perfektionistische Ausrichtung nicht selten ein Türöffner zu Führungspositionen. Ein solcher Mensch ist erfolgreich, belastbar und wird meist von seinen Vorgesetzten geschätzt. Aufgrund der ihn sabotierenden treibenden Energie bleibt er jedoch gefangen in Grübeleien und Sorgen, die sich häufig um Befürchtungen hinsichtlich seiner Zukunft drehen.

Dazu einige Beispiele: Der hoch gelobte und seit Jahren Top-Verkäufer der Firma ist vollkommen unzufrieden, weil er mit knapp 5 Prozent unter seinem Ergebnis des Vormonats liegt und er befürchtet, in Zukunft seine Arbeitsstelle zu verlieren. Die Produktionsleiterin bereitet eine viertelstündige Präsentation vor und verbringt den ganzen Tag in Sorge, nicht gründlich genug dafür vorbereitet zu erscheinen. Die überschießende Yang-Energie des Metallelements lässt in beiden Fällen keine Ruhe zu. Das ist oft daran erkennbar, dass der Mensch sich seine eigene Messlatte solange höher legt, bis er daran zerbricht.

3.5
Stabil gelassen versus hart kämpfend (Wasserelement)

Im Kreislauf des Jahres folgt nun die Wandlungsphase Wasser, die Jahreszeit Winter. Die Natur zieht sich ins Innere zurück und hat das, was die spätere Blüte benötigt, bereits angelegt. Die Pflanzensamen, als Essenz des Jahres, ruhen in der Erde bis zum neuen Wachstum im Frühjahr. Der Winter ist die Phase zwischen Altem und Neuem. Die Natur ruht, hält inne, Altes stirbt und Neues kommt. Energetisch gesehen ist es die Hochphase des Yin, der Ruhe. Für den Menschen ist es die ideale Zeit für Rückzug, Regeneration und des Öffnens für neue Erfahrungsräume. Dazu bedarf es des Loslassens alter Gewohnheiten und der Distanzierung von alten Mustern, um sich Neuem zu öffnen.

> Vertrauen ist eine Oase im Herzen, die von der Karawane des Denkens nie erreicht wird.
>
> Khalil Gibran

Fließt die Energie des Wasserelements ausgewogen, befinden sich Yin und Yang im Gleichgewicht. Dann ist der Mensch in der Lage, sein eigenes Befinden wahrzunehmen, es auf angemessene Art und Weise anzusprechen, Unterstützung zu erfragen, wenn es erforderlich ist, und für seine Bedürfnisse einzustehen. Authentisch setzt er seine ursprünglichen Empfindungen, Gefühle, Gedanken und Impulse um, ohne sich von ihnen überrollt zu fühlen. Er ist sympathisch, freundlich, liebenswert, geht Konflikten nicht aus dem Weg und hat eine ausgewogene Frustrationstoleranz, wenn nicht alles so gelingt, wie er es sich wünscht. Die Wasser-Energie verleiht ihm die notwendige innere Stärke, ohne Reue loslassen zu können und Neues zu wagen.

Diese Energiequalität der ruhigen Stärke wird zu Beginn des Lebens darin erkennbar, wie unermüdlich ein Kind das Laufenlernen erprobt. Wie oft es auch auf seinen gepolsterten Hintern fällt, es steht immer wieder auf und probiert es erneut. Diese Energie stärkt sein Bestreben, das zu leben, was gerade Thema ist. Sie verleiht ihm ausreichende Frustrationstoleranz, weiter zu machen. Bleibt die Energie im Fluss, ist der Mensch zu unglaublichen Taten fähig, kann über sich hinauswachsen und für seine Visionen eintreten. Er verfügt über innere Stärke, Stabilität, tiefes Urvertrauen und eine selbstbestimmte, kreative Disziplin.

Grundlegendes Bedürfnis	**Energiefluss im Gleichgewicht**	**Bewegende Energie**	**Yang-Überschuss**	**Yin-Überschuss**
Sicherheit in sozialen Kontakten	selbstbestimmte Disziplin; authentisches Handeln mit Gefühl und Verstand	**Bewahre Haltung**	Sei stark! Zeig keine Gefühle! **Held**	Mit mir könnt ihr es machen. **Opfer**

Gehen die Eltern offen mit ihren Schwächen um, zeigen sie ihre Gefühle und setzen sich mit ihnen auseinander, oder lassen sich helfen, wenn es ohne Unterstützung nicht weiter geht, dann versteht das Kind: „Ich erlaube mir, Schwäche zu zeigen und ich darf Hilfe annehmen. Dadurch verliere ich nicht mein Gesicht." Reagieren die Eltern auf den kindlichen Tatendrang und die dazugehörende Achterbahn der Gefühle entspannt und macht das Kind die Erfahrung: „Ich darf Gefühle zeigen oder für mich behalten und bin deshalb nicht schwach", verspürt es die Erlaubnis auch einmal nicht „passend" zu sein. Eine solche Haltung führt zu einer ausgewogenen Energiequalität des Wasserelements und verleiht Kraft. Diese Stärke verhilft dazu, Dinge allein durchzustehen, sich bestimmten Menschen anvertrauen zu können, die eigenen Gefühlslagen auszuloten sowie zu erproben und selbst zu entscheiden, ob Stärke oder auch Schwäche gezeigt wird. So wächst eine gesunde Stärke im Kind, nach dem Motto: „Alles ist möglich".

Erledigen die Eltern allerdings ihre Angelegenheiten sachlich und unaufgeregt, nehmen keine Hilfe in Anspruch und meiden emotionale Situationen, kann ein Kind die Idee entwickeln, Gefühle lieber nicht zu zeigen. Auch wenn es spürt, dass sich seine Bezugspersonen in Gegenwart von traurigen oder verzweifelten Menschen unwohl fühlen oder es bei eigenem Kummer oder Verletzungen zu hören bekommt: „Ein Indianer kennt keinen Schmerz", „Jungen weinen nicht", „Da muss man durch". „Sei tapfer", kann sich diese Antreiber-Sabotage-Falle entwickeln. Das Kind fühlt sich als Versager und empfindet sich als unfähig, wenn es in einer Situation feststeckt, in der es zur Veränderung nichts beitragen kann.

Nachfolgendes Beispiel verdeutlicht diese Entwicklung: Der kleine Jan stürzt mit seinem Fahrrad und weint. Die Eltern beschwichtigen ihn: „So schlimm wird das doch nicht gewesen sein, deshalb muss man doch nicht weinen! Ein Junge weint doch nicht, schon gar nicht über so etwas!" Der Junge versteht, dass das, was ihm passiert ist, nicht so wichtig ist. Als wichtig erkennt er, dass er Gefühle gezeigt hat, die den Eltern nicht gefallen haben. Er lernt, dass er keine Gefühle zeigen, sondern „cool" sein soll. Im Kino verkriecht Jan sich, als sein Held bedroht wird und keine Hilfe in Sicht ist. Der Vater reagiert verärgert: „Bleib ruhig und benimm dich. Du willst doch ein richtiger

Mann werden, oder?" Jan wird seine authentisch erlebte Energie der Wut und Trauer oder Angst unterdrücken, weil er gelernt hat, dass solche Gefühle nicht passend für ihn sind. Ein Kind lernt, wie beschrieben, am Vorbild und richtet seine Energie danach aus. Jan lernt, dass es wichtig ist, in dieser Welt als Junge die Zähne zusammenzubeißen. Er muss stark sein und Haltung bewahren. Dann erfährt er die Zuneigung seiner Eltern, die er so sehr anstrebt.

Hierbei sprechen wir von einer energetischen Sabotage-Falle im Wasserelement. Die bewegende Yang-Energie wird zu sehr angefeuert mit der Folge, dass dieser Mensch seine Gefühlswahrnehmung reduziert und eine Art „Ritterrüstung" anlegt. Nach dem Motto: „Wie es in mir aussieht, geht niemanden etwas an", entfernt er sich von seinen eigenen Wahrnehmungen. Er funktioniert weiter, allerdings wie eine Maschine: rational und kühl. Die gedrosselten Gefühle stärken die Yang-Energie, der Kreislauf beschleunigt sich. Mental läuft das Glaubensband: „Ich bin nur o.k., wenn ich stark bin." Da dieser Zustand bis zu einem gewissen Grad durchaus angenehm sein kann – wo keine Emotionen sind gibt es auch kein Mit-Leiden – wird die Gefahr dieser Energiequalität oft verkannt. Ein weiterer positiver Aspekt des „Sich nicht Spürens" und „Hart zu sich selbst Seins" ist die damit verbundene innere Empfindung, heldenhaft zu handeln. Fatalerweise wird hier die von Hüther beschriebene „Düngergießkanne im Gehirn" betätigt. Der Mensch spürt Begeisterung für sein Handeln, weil er sich wieder einmal selbst beweisen konnte, dass er andere nicht braucht. Viele Erwachsene leben nach diesem Prinzip: Sie achten nicht auf ihre Gesundheit und gehen z.B. mit Fieber oder starken Rückenschmerzen zur Arbeit. Wirkliche menschliche Nähe kommt zunehmend seltener zustande. Freude und Leid wird nicht wirklich empfunden. Gefühle sind oftmals gespielt und es wird sich so verhalten, wie der Betreffende denkt, dass es erwartet wird in der Situation. Die Überzeugung „Stark sein um jeden Preis" lässt den Menschen in Gefühls- und Beziehungslosigkeit gleiten. Dabei werden das Erleben der inneren Ruhe und das Wahrnehmen der eigenen Person sowie Bedürfnisse unmöglich.

3.6
Zusammenfassung

In der nachfolgenden Tabelle sind die wesentlichen Aspekte der einzelnen Elemente zusammengefasst. In der Spalte „Energie" werden für jedes Element die bewegende Energie und die antreibenden Energien in Stichworten aufgeführt. Es folgt eine Beschreibung der jeweiligen Energie im ausgewogenen Zustand, anschliessend ihre positive und negative Dynamik. Befindet sich die Energie im Gleichgewicht ist der Mensch in der Lage, auch die jeweilige antreibende Energie immer wieder in Balance zu bringen. Der Mensch kann die positive Dynamik nutzen und die negativen Auswirkungen vermeiden.

Element	Energie	Ausgewogene Dynamik	Positive Dynamik	Negative Dynamik
Holz	**Sei aktiv** Beeil Dich! Mach schnell!	**Wichtiges** wird zügig, in angemessener Zeit, erledigt; die Fülle des Lebens erfahren und Wichtiges schaffen	Dinge werden sehr schnell erledigt; kann rasch Entscheidungen treffen; komplexes Raum-Zeitgefühl	Gibt sich und anderen wenig Zeit; steht unter Zeitdruck; oft keine sozialen Kontakte; Hektiker
Feuer	**Halte durch** Streng Dich an! Gib dir Mühe!	**Erfolg** sichern, sowohl durch große Anstrengung als auch aus der eigenen inneren Kraft; besonnen und gelassen handeln; etwas leisten und erfolgreich sein	Initiative, interes-siert; bereit, viel Fleiß und Schweiß einzubringen; Durchhalte-Vermögen	Kann nicht zufrieden sein, wenn es leicht geht; arbeitet verbis-sen; hat viel Stress; zu viel des Guten; der Unermüdliche
Erde	**Mach es (anderen) recht** Mach es allen recht!	**Zuwendung** erhalten durch ein ausgewogenes, gefühlsbetontes Nähe-Distanz-Empfinden und stimmiges Handeln; Zuwendung, Zugehörigkeit	Ist beliebt, kommt gut an; soziale Kom-petenz; Einfühlungsvermögen	Kann nicht „Nein" sagen; keine Abgrenzung; wird gern ausgenutzt; eigene Bedürfnisse zählen nicht; Ja-Sager
Metall	**Mach es richtig** Sei perfekt! Mach keine Fehler!	**Anerkennung** erhalten mit dem Gefühl „mein Bestes ist gut genug"; diese kann durch Kontrolle und Fehlervermeidung erreicht werden; Wissen und Können entsprechend den Fähigkeiten entfalten	Unterstützt bei Aktivitäten, die Sorgfältigkeit und Genauigkeit, Kom-petenz und Perfektionis-mus verlangen; Sorgfalts- und Präzisionsfähigkeit	Keine 80/20 Regelung möglich – verlangt nach 100-prozentiger Ausführung; Übererfüllung der Ziele; Perfektionist

4 Sabotage-Fallen erkennen

Die Auslöser für Sabotage-Fallen sind teilweise ähnlich. Jedoch unterscheiden sich die Sabotage-Fallen gravierend in den Auswirkungen auf unser Denken, Fühlen, Handeln, unsere Stimmung und unsere Energie.

Bei den klassischen Sabotage-Fallen der energetischen Psychologie *„geht es darum, dass Ihre Energie in einer spezifischen Situation negativ werden kann, wenn Ihr Energieniveau aufgrund von Problemen in der Vergangenheit generell bereits sehr niedrig ist"* (Gallo/Vicenzi 2008, S.67). Der Mensch handelt entgegen seinem ursprünglichen Ziel. Er entfernt sich von seinem Ziel und läuft quasi von ihm weg.

> Ich bin diesen Weg gegangen, ich bin jenen Weg gegangen – dann bin ich meinen Weg gegangen.
>
> Chinesische Weisheit

Bei den Antreiber-Sabotage-Fallen handelt der Mensch zielgerichtet und setzt dabei sein Ziel so hoch an, dass es unerreichbar für ihn wird. Gleichzeitig versucht er verzweifelt, genau dieses Ziel zu erreichen, was dann zu einem überhöhten Energieverbrauch führt. Dieser Prozess vollzieht sich nicht plötzlich, sondern schleichend und über einen längeren Zeitraum. Daher werden uns Sabotage-Fallen nicht bewusst und sie können sich unreflektiert und ungehemmt ausbreiten. Bleiben sie unentdeckt, wirken sie in alle Lebensbezüge hinein. Sie drücken sich im Sprachgebrauch und in für sie typischen Verhaltensmustern im Alltag aus und werden auch dadurch unbewusst neu aktiviert. Sich dieser Muster bewusst zu werden, ist ein wesentlicher Schritt hin zur Klärung destruktiver und überschießender Energie.

Die nachfolgenden Sätze zeigen beispielhaft auf, wie sich Sabotage-Fallen in Sprach- und Verhaltensmustern im Alltag zeigen.

> Ja, aber ...
> Ich muss schnell sein. Ich habe keine Zeit.
> Ich könnte ja, wenn nicht ...
> Keiner versteht mich.
> Wie ich es mache, ich mache es verkehrt!
> Ich bin schuld, dass ...
> Ich kann mir das nicht erlauben. Das klappt bei mir nie!
> Das schaffe ich nicht.
> Das wird sich nie ändern!
> Nur wenn ich mich anstrenge, verdiene ich Lob und Anerkennung.
> Ich bin für das Wohl anderer verantwortlich. Wenn ich es allen recht mache, werde ich geliebt.
> Ich bin nicht gut genug.
> Hätte ich doch ...
> Ich muss da durch.

Das war schon gut, aber es geht noch besser.
Das macht doch alles keinen Sinn.
Nur richtig ist gut.
Ich habe keine Zeit, weil …
Alles bleibt an mir hängen.
Ich kann einfach nicht „Nein" sagen.
Ich muss alles unter Kontrolle haben.
Ich brauche das Gefühl, alles kontrollieren zu können.
Wenn ich Fehler oder Schwäche zeige, verliere ich mein Gesicht.
Ich muss stark sein.
Wer „A" sagt muss auch „B" sagen.
Weine nicht schon wieder.
Geht es nicht ein bisschen schneller?!
Komm, beeil Dich.
Jetzt stell dich nicht so an.
Ein Indianer kennt keinen Schmerz.
Du kannst viel schöner schreiben.
Wenn Du nicht das und das machst, dann wirst Du so wie Tante …,
Ohne Fleiß kein Preis.

Diese Aussagen treiben den Menschen zu Handlungsweisen und Zielvorstellungen, die ihn demotivieren und frustrieren, weil sie die Grundbedürfnisse des Menschen ungeachtet lassen – so geliebt zu werden wie man ist, sich selbst so akzeptieren wie man ist und Lust und Begeisterung am eigenen Vorwärtsstreben und Wachstum zu empfinden. Ein übertrieben hoch angesetztes Ziel verhindert ein inneres Gefühl der Zufriedenheit und vergeudet übermäßig viel Energie. Es wird, wenn überhaupt, nur mit einem übermäßigen Kraftaufwand, dem Gefühl eines nicht enden wollenden Kampfes und totaler Erschöpfung erreicht. Der Mensch fühlt sich überlastet, ausgebrannt, fertig. Stressbedingte Erkrankungen wie Burnout, Boreout und chronisches Müdigkeits-Syndrom (CF-Syndrom) können äußere Anzeichen einer solchen, im Inneren stattfindenden, unerkannten energetischen Apokalypse sein.

5 Sabotage-Fallen auflösen

Sabotage-Fallen hindern den Menschen daran, sein Leben so zu leben, wie es mit seinen individuellen Voraussetzungen möglich wäre. Sie führen in eine ungesunde Richtung. Daher liegt die Auflösung einer Sabotage-Falle im Interesse jedes Einzelnen. Im Folgenden stellen wir zunächst dar, wie Sabotage-Fallen in der energetischen Psychologie aufgelöst werden. In Kapitel 5.1 werden die Kurzformen zur Auflösung beschrieben und in Kapitel 5.2 die Methoden von Callahan mit den Gedanken von Gallo ergänzt. Es wird aufgezeigt, wie die entsprechenden Klopfpunkte gezielt mit Hilfe des Muskeltests oder mit dem Spirit of Energy-Konzept gefunden werden. Eine ausführliche Bearbeitung der Antreiber-Sabotage-Fallen erfolgt in Kapitel 5.3.

> „Fange an", sagt der Meister, „dann wirst du lernen!". „Ich weiß noch nicht genug", antwortet der Schüler. „Dann warte", sagt der Meister. „Wie lange?", fragt der Schüler. „Bis du anfängst", sagt der Meister.
>
> Aus China

Für alle Formen von Sabotage-Fallen gilt grundsätzlich, dass es sich um lange gelebte, unbewusste negative Glaubensmuster über uns und die Welt handelt. Daher kann es nach einer erfolgreichen Auflösung und der Etablierung eines neuen positiven Glaubensmusters vorkommen, dass sich die alten Muster wieder bemerkbar machen. Eine Wiederholung der Auflösung und ein „Training" des neuen Glaubensmusters betrachten wir daher als sinnvoll.

5.1 Kurzformen in der Energetischen Psychologie zur Auflösung von Sabotage-Fallen

Vor jeder Behandlung ließ Callahan den Klienten das Gedankenfeld zu seinem Thema aufbauen, indem der Klient sich mit allen zu aktivierenden Sinnen auf sein Thema einstimmte. Mittels einer analogen Skalierung ließ er ihn seinen Stresslevel subjektiv messen von Null, kein Stress, bis Zehn, unerträgliches Stressempfinden. Wie bereits Diamond fand Callahan über das Aussprechen und Testen eines provokativen Satzes (gesund versus krank sein) heraus, ob ein Selbstsabotagemuster den Prozess der Stressreduktion sabotierte oder nicht. In dem Fall einer psychischen Umkehrung nutzte er Diamonds Erkenntnisse, dass Energieungleichgewichte der Meridiane durch Affirmationen korrigiert werden können. Diese sollten in ihrer Kernaussage eine bedingungslose Selbstakzeptanz beinhalten und in Verbindung mit der Stimulation von bestimmten Klopfpunkten (Akupunkturpunkte) genutzt werden.

> Wir können etwas nicht verändern, solange wir es nicht akzeptieren. Ein Schuldspruch ist keine Befreiung, sondern Unterdrückung.
>
> Carl Gustav Jung

Dazu stimuliert der Klient einen der folgenden Klopfpunkte oder nacheinander in beliebiger Reihenfolge alle angegebenen Klopfpunkte. Stimulieren bedeutet das rhytmische Klopfen, ruhige Halten oder sanfte Massieren eines Klopfpunktes. In der nachfolgenden Abbildung sind die Klopfpunkte abgebildet, die in der energetischen Psychologie zur allgemeinen Auflösung von psychischen Umkehrungen stimuliert werden (PU-Punkte): unter der Nase (Gouverneursgefäß 26), unter der Lippe (Zentralgefäß 24), Handkante (Dünndarm 3) und „Wunder Punkt". Der Wunde Punkt ist ein oft schmerzhafter neurolymphatischer Reflexpunkt auf der linken Seite des Brustkorbs, im Intercostalraums zwischen der zweiten und dritten Rippe, der mit kreisendem Fingerdruck massiert wird.

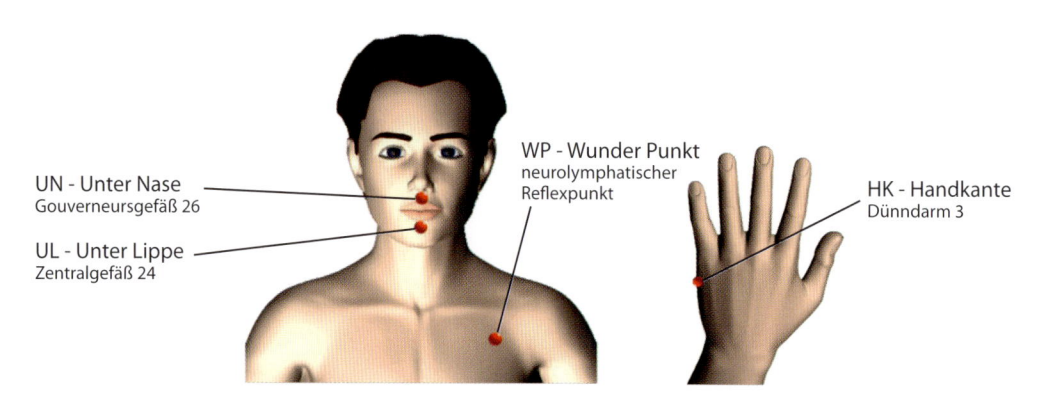

PU-Punkte: Klopfakupressurpunkte zur Auflösung von psychischen Umkehrungen in der energetischen Psychologie

Psychische Umkehrungen werden mit Hilfe der selbstakzeptierenden Sätze in das Blickfeld des Bewusstseins gerückt. So können sie keine weiteren unbewussten Reaktionen und Handlungsweisen auslösen. Wesentlich dabei ist das akzeptierende Wahrnehmen, „Ich sehe es, ja so ist es", ohne Schuldzuweisung. Nachfolgende Affirmationen haben einen Selbstakzeptanz stärkenden Charakter und werden gleichzeitig mit der Stimulation des Klopfpunktes bzw. der Klopfpunkte ausgesprochen:

Ich liebe und akzeptiere mich von ganzem Herzen, mit all meinen Problemen und Grenzen.

Ich akzeptiere mich ganz, auch wenn ich dieses Problem – aus welchen Gründen auch immer – für den Rest meines Lebens weiterhin haben werde.

Ich akzeptiere mich ganz, auch wenn dieses Problem – aus welchen Gründen auch immer – für den Rest meines Lebens immer wieder auftritt.

Ich akzeptiere mich ganz, jetzt und zu jedem Zeitpunkt in der Zukunft, an dem dieses Problem – aus welchen Gründen auch immer – vielleicht wieder auftreten wird.

Betrachten wir dies exemplarisch anhand des jungen Mannes, der sich das Rauchen abgewöhnen möchte. Wiederholt scheiterte der junge Mann an der Abgewöhnung. Um die psychische Umkehrung aufzulösen, benötigt er den Handkanten-Klopfpunkt, oder den Wunden Punkt. Er spürt sich in das Verlangen nach einer Zigarette während des Essens mit seiner Freundin ein (Gedankenfeld aufbauen) und stimuliert dabei, mit zwei Fingern einer Hand, die einzelnen Punkte. Er stimuliert einen Punkt nach dem anderen (jeweils ca. fünf bis zehn Mal) und spricht dabei nacheinander die oben aufgeführten Affirmationen, Dies wiederholt er so oft, bis er bemerkt, dass sich eine Erleichterung in Bezug auf dieses Verlangen einstellt. Manchmal verschwindet das unangenehme Gefühl sehr schnell und endgültig. Es kann auch sein, dass er noch einige Zeit diese Punkte stimuliert und die Sätze dabei immer wiederholen sollte. Er wird selbst bemerken, wann er die Punkte nicht mehr benötigt. Auf diese Art und Weise kann er jede auftauchende unangenehme „Erinnerung" für sich selbst bearbeiten und nähert sich damit seinem Ziel Schritt für Schritt.

Callahan und Gallo vertreten die Auffassung, dass vor jeder Veränderungsarbeit und insbesondere zur Selbsthilfe grundsätzlich die PU-Punkte (Klopfpunkte zur Auflösung von psychischen Umkehrungen) stimuliert und dabei die selbstakzeptanzstärkenden Affirmationen laut oder leise ausgesprochen werden sollen. Erst die Korrektur der psychischen Umkehrung führte bei Interventionen zu oftmals drastischen Veränderungsschritten. In zahlreichen Fällen bewirkte dies einen enormen Rückgang der subjektiven Stresseinschätzung des Klienten auf einer Skala von Null, kein Stress, bis Zehn, nicht auszuhaltender Stress, um mehrere Punkte. *„Wäre die PU nicht entdeckt worden, wäre die Erfolgsrate der TFT (Thougth Field Therapy) um 40 bis 50 Prozent niedriger. Viele Menschen, die heute sehr schnell von schweren psychischen Störungen befreit werden können, würden noch immer als vollständig unbehandelbar gelten, hätten wir nicht das einfache, aber doch so bedeutende Phänomen der psychischen Umkehrung entdeckt und Möglichkeiten zu seiner Auflösung entwickelt."* (Callahan/Callahan 2001 S. 72)

Der Vollständigkeit halber wird hier das noch kürzere Verfahren des klinischen Psychologen Dr. Larry Phillip Nims vorgestellt. Er entwickelte ein Konzept zur einmaligen, allgemeinen Korrektur von Sabotage-Fallen der energetischen Psychologie im Rahmen seiner Methode BSFF (Be Set Free Fast). Nims geht davon aus, dass er das Unterbewusstsein direkt in psychische Verarbeitungsprozesse einbinden kann. Für ihn ist eine Sabotage-Falle einfach nur ein Problem wie jedes andere auch. Daher wendet er bei allen Themen ein und dieselbe Verfahrensweise an. Nachdem er sein Verfahren dem Klienten demonstriert hat, testet er mit dem Satz *„Ich kann dieses einfache Verfahren anwenden, um jederzeit jedes Problem zu lösen, das ich lösen will"*, ob das Unterbewusstsein bereit ist, sein Verfahrensschema zu akzeptieren. Eine Sabotage-Falle liegt vor, wenn der Muskeltest schwach testet. Zur Korrektur nutzt er den Klopfpunkt unterhalb der Schlüsselbeine links und rechts (Niere 27; siehe Abbildung im nächsten Abschnitt) und lässt drei Mal den Satz sagen: *„Ich akzeptiere mich, auch wenn ich dieses Problem habe."* Anschließend gibt er dem Unterbewusstsein des Klienten die Anweisung: *„Ich sage das Folgende zur bewussten und unterbewussten Ebene Ihres Denkens: Immer wenn Sie an einem Problem arbeiten, dann entfernen Sie nicht nur die emotionalen Wurzeln und tiefsten Ursachen (Überzeugungen) dieses speziellen Problems; Sie entfernen damit auch alles, was jemals dafür verantwortlich sein könnte, dass Sie das Problem behalten, dass Sie es sich wieder zu eigen machen, dass Sie jemals zulassen oder erlauben, dass es wieder auftritt, oder dass Sie jemals offen sind für ein erneutes Auftreten dieses Problems, in welcher Form, in welcher Gestalt oder in welcher Weise auch immer."* (Gallo 2002, S. 152).

5.2
Ausführliche Form zur Auflösung von Sabotage-Fallen in der energetischen Psychologie

Die oben beschriebene Kurzform der Auflösung von Sabotage-Fallen dient in erster Linie der Selbsthilfe. Dabei wird nicht überprüft, welcher der Klopfpunkte die Veränderung bewirkt. Die eingesetzten Affirmationen sind allgemein gehalten und nicht unbedingt auf die entsprechende psychische Umkehrung zugeschnitten.

In der ausführlichen Bearbeitung geht es um die spezifischen Formen der psychischen Umkehrungen und deren Aufdeckung. Es erfolgt eine exakte Diagnose zur Auffindung des PU-Punktes und die individuelle Ausformulierung der Affirmation, um die jeweiligen psychische Umkehrung aufzulösen. Für eine präzise Diagnostik der einzelnen psychischen Umkehrung können der Muskeltest oder die Spirit of Energy-Karten eingesetzt werden.

Mit dem Muskeltest präzise den Klopfpunkt finden

Der Muskeltest ist ein in der Kinesiologie genutztes Biofeedback-System des Körpers. Hierbei wird sich die Tatsache zunutze gemacht, dass bei geistigen Aktivitäten der Körper ebenfalls reagiert. Dazu wird ein gut funktionierender Muskel, meist ein Oberarmmuskel, darauf getestet, ob er einem leichten Druck standhalten kann oder nachgibt. Der zu testende Muskel wird Indikatormuskel genannt. Wenn Der Indikatormuskel dem Druck standhält, wird der Klient gebeten, an etwas zu denken, das ihm Stress bereitet. In der Regel hält der dabei getestete Indikatormuskel dann nicht, sondern gibt nach. Vereinfacht kann man sagen, dass ein stressbeladenes Thema die Muskulatur und damit auch den Indikatormuskel schwächt.

Mit dem Muskeltest wird der gewählte Indikatormuskel auf die positive Aussage des Klienten hin überprüft. Beispiel: „Ich werde dieses Problem jetzt überwinden" oder „Ich erlaube mir, dieses Problem loszulassen". Kann der Indikatormuskel dem Druck nicht standhalten, deutet dies darauf hin, dass das ausgesprochene Thema dem Klienten Stress bereitet. In der energetischen Psychologie wird das als Hinweis auf eine Sabotage gedeutet. Nun wird der Klient gebeten, gleichzeitig mit dem Druck auf seinen Muskel einen der nachfolgend aufgeführten Punkte zu halten:

- WP: Wunder Punkt, neurolympathischer Reflexpunkt zwischen der zweiten und dritten Rippe auf der linken Brustseite

- HK: Handkanten-Punkt (Dünndarm 3)

- UN: Unterhalb der Nase (Gouverneursgefäß 26)

- UL: Unter der Lippe (Zentralgefäß 24)

- SB: Schlüsselbein, unterhalb Schlüsselbein neben Brustbein (Niere 27)

- SP: Serienpunkt, auf dem Handrücken zwischen kleinem Finger und Ringfinger (Dreifacher Erwärmer 3)

- JB: Auf dem Jochbein (Magen 1)

(in Klammern die jeweils in der Traditionellen Chinesischen Medizin (TCM) benutzte Bezeichnung des Klopfpunktes)

Ein starker Indikatormuskel zeigt den Klopfpunkt an, der zur Korrektur der jeweiligen Sabotage-Falle eingesetzt wird. Der diagnostizierte Punkt bzw. die diagnostizierten Punkte werden mit zwei Fingern einer Hand stimuliert (Akupressur), während der Klient den Selbstakzeptanzsatz spricht und sein Thema gedanklich aufrecht hält. Damit werden Störungen im Energiesystem beseitigt. Fließt die Energie wieder gleichmäßig, lösen sich die Sabotage-Fallen und der zuvor empfundene Stress auf; der Indikatormuskel testet positiv.

Auf diese Weise werden die unterschiedlichen Formen von Sabotage-Fallen der energetischen Psychologie bearbeitet:

Eine **massive psychische Umkehrung** (MPU) wird gelöst, indem die Punkte wie oben beschrieben stimuliert werden und dabei der Satz wiederholt wird: „Ich liebe und akzeptiere mich von ganzem Herzen, auch wenn ich glaube, dass ich nicht glücklich sein kann."

In dem weiter oben beschriebenen Beispiel für eine **spezifische psychische Umkehrung** (sPU) schob der Raucher den Beginn seines Nichtrauchens immer wieder hinaus. Ihm könnte es helfen, die vorgeschlagenen Punkte zu klopfen und den Satz zu wiederholen: „Ich liebe und akzeptiere mich von ganzem Herzen, auch wenn ich glaube, dass ich jetzt noch nicht mit dem Rauchen aufhören kann."

Eine **tiefsitzende psychische Umkehrung** (tPU) kann mit dem Satz „Ich liebe und akzeptiere mich von ganzem Herzen, auch wenn ich glaube, dass ich es nie schaffe, mein Ziel zu erreichen" bearbeitet werden.

Nachfolgend sind die psychischen Umkehrungen und Klopfakupressurpunkte aufgeführt, die in der Energy Diagnostic and Treatment Methods (EDxTM™) nach Gallo genutzt werden. Die übergeordneten psychischen Umkehrungen werden zu Beginn jeder Arbeit getestet. Die problembezogenen psychischen Umkehrungen werden, wie das Wort bereits deutlich macht, getestet, nachdem das Problem definiert wurde. Es gibt noch zwei psychische Umkehrungen, die während der Bearbeitung des Problems auftauchen können und dann sofort bearbeitet werden. Mit Hilfe des Muskeltests wird jeweils herausgefunden, welcher der PU-Punkte die psychische Umkehrung auflöst. Natürlich können Sie zunächst auch die vorgeschlagenen PU-Punkte in der rechten Spalte zur Auflösung nutzen.

Übergeordnete psychsische Umkehrungen:

Psychische Umkehrung	Überprüfung	Korrektur
Massive – MPU	Ich möchte glücklich sein vs. Ich möchte mich elend fühlen.	WP
Kriterienbezogene massive – kMPU	Ich verdiene es (nicht), ein glückliches Leben zu führen.	UL, HK

Problembezogene psychsische Umkehrungen:

Psychische Umkehrung	Überprüfung	Korrektur
Tiefsitzende – tPU (PU 2)	Ich werde dieses Thema lösen. Ich werde dieses Thema weiterhin haben.	UN
Spezifische – sPU (Zeitbezogene – zeitPU)	Ich will dieses Thema **jetzt** überwinden Ich will es **jetzt** noch behalten.	HK, SP
Kriterienbezogene – kPU:		
Selbstwertgefühl – verdienen	Ich verdiene es (nicht), dieses Thema zu überwinden. Jemand anderes verdient es (nicht), dass ich …	UL, SP
Sicherheit – sicher	Es ist für mich (nicht) sicher dieses …	HK, JB
Möglichkeit – möglich	Es ist mir (nicht) möglich dieses …	HK, JB
Erlaubnis – erlauben	Ich erlaube mir (nicht), dieses Thema zu lösen.	HK, SP
Motivation – motivieren	Ich werde (nicht) tun, was nötig ist, um dieses Thema zu überwinden.	HK, SP
Nutzen / für andere – nutzen	Es ist (nicht) gut für mich / für andere, wenn ich …	HK, JB
Verlust – fehlen	Es wird mir etwas fehlen, wenn ich …. Es wird mir nichts fehlen …	HK, SB
Überleben – überleben	Ich werde es (nicht) überleben, wenn ich das Thema löse.	HK, SB
Identität – identifizieren	Ich werde meine Identität (nicht) verlieren, wenn ich dieses Thema löse.	HK, SB

Während des Prozesses auftretende psychische Umkehrungen:

Psychische Umkehrung	Überprüfung	Korrektur
Intervenierende – MiniPU	Ich möchte dieses Thema vollständig überwinden. Ich möchte einen Teil dieses Themas behalten.	HK
Wiederkehrende – wPU	Ich nehme mich vollständig an, auch wenn ich glaube, dass das Thema immer wieder auftaucht.	WP

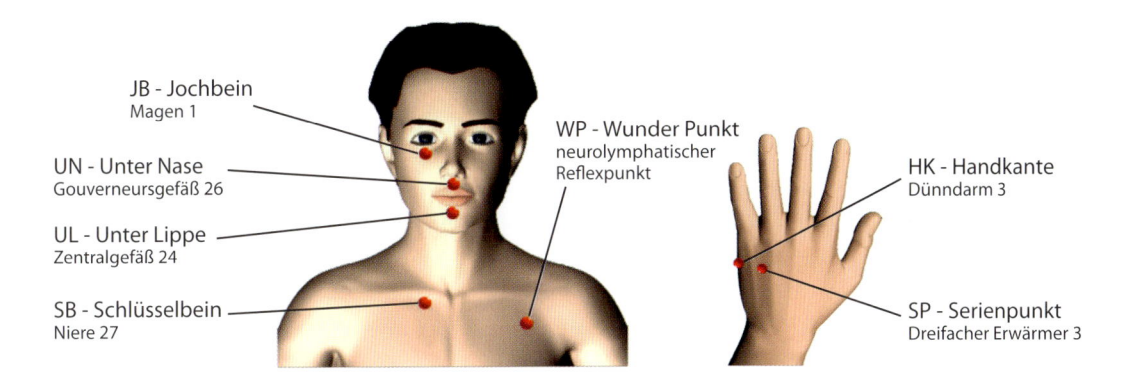

JB - Jochbein
Magen 1

UN - Unter Nase
Gouverneursgefäß 26

UL - Unter Lippe
Zentralgefäß 24

SB - Schlüsselbein
Niere 27

WP - Wunder Punkt
neurolymphatischer Reflexpunkt

HK - Handkante
Dünndarm 3

SP - Serienpunkt
Dreifacher Erwärmer 3

Erweiterte PU-Punkte: Klopfakupressurpunkte zur Auflösung von psychischen Umkehrungen in der energetischen Psychologie nach Gallo

Mit den Spirit of Energy-Karten präzise den Klopfpunkt finden

Mit dem Muskeltest ist es zwar möglich, einen ganz bestimmten Punkt zur Veränderung auszuwählen, jedoch geht ein wesentlicher Aspekt für eine positive Veränderung verloren: die Selbstwirksamkeit des Menschen. Die Durchführung ist abhängig davon, dass ein Therapeut, Berater oder Coach zur Verfügung steht, der über entsprechende Kenntnisse bezüglich Muskeltest und Klopfpunkte verfügt. Mit dem von uns Anfang 2010 vorgestellten neuroenergetischen Konzept Spirit of Energy und dessen Werkzeug, den Spirit of Energy-Karten, wird es möglich, ohne Muskeltest präzise den Klopfpunkt zur Korrektur der jeweils herausgefundenen Sabotage-Falle der energetischen Psychologie zu finden. Auch der Therapeut, Berater oder Coach hat mit den Karten ein Werkzeug zur Hand, welches die Selbstwirksamkeit des Klienten unterstützt.

> Derjenige, der sagt: „Es geht nicht", soll den nicht stören, der es gerade tut.
>
> Unbekannt (Römische Regel)

Die Tatsache, dass sich die Informationen, Bilder und Zitate „neutral" auf der Karte befinden und nicht vom Coach oder Therapeuten interpretiert werden, weckt eine oft unbewusste Selbstwirksamkeitsempfindung beim Klienten. Da der Klient in der Regel selbst die Karte auswählt und selbst entscheidet, welches Angebot der Karte er nutzen möchte, wird dieser Effekt noch verstärkt. Es eröffnet ihm ein gänzlich neues Blickfeld und die Chance der Lösungsfindung. Die Lösung kommt nicht von „außen" und ist nicht suggeriert, sondern ein persönlicher Erfolg: „Ich habe es geschafft".

Die Spirit of Energy-Karten beruhen auf der chinesischen Energielehre sowie den Erkenntnissen der Energetischen Psychologie. Auf den Karten sind Informationen zu den Qualitäten der abgebildeten Klopfpunkte und den Wirkungen dieser Qualitäten auf mentaler und emotionaler Ebene. Aufgeführt wird zum einen die Wirkungsspanne der Energie, der blockierte Zustand der Energie und die jeweils möglichen Potenziale (Spirit), die entfaltet werden können. Zum anderen werden die psychologischen Affirmationen zur Energiequalität aufgeführt und Zitate bekannter Denker bieten metaphorische Anker. Einen weiteren, die Intuition direkt ansprechenden Anker stellen die jeweiligen Naturaufnahmen (Fotografie auf der Vorderseite) dar. Es handelt sich dabei um speziell ausgewählte Farbspiele aus der Natur.

Die Wirksamkeit der Methode beruht unter anderem darauf, dass mit Hilfe der Karten gleichzeitig sowohl die emotionale, mentale, physische, intuitive als auch energetische Intelligenz des Menschen angesprochen werden kann. Das Ansprechen von mehr als zwei Intelligenzen zur gleichen Zeit ist jedoch eine Überforderung für unser Gehirn. So entsteht Verwirrung und dadurch werden festgefahrene Rechts-Links-Blockaden im Gehirn lösbar (Neurophysiologisches Prinzip).

Das Arbeitsmaterial der 62 Spirit of Energy-Karten ist in folgende Kategorien unterteilt:

- 1 Karte für die Sabotage-Fallen, auch psychische Umkehrung (PU) genannt.
- 1 Karte für das Prinzip der Polarität, genannt Yin und Yang.
- 5 Karten für die unterschiedlichen Energiequalitäten, genannt Elemente.
- 14 Karten für die Energiebahnen, auch Meridiane genannt.
- 41 Karten für die Energiepunkte, auch Meridianpunkte genannt.

Anwendung:

Dazu stimmt der Klient sich in das Thema ein, denkt und fühlt sich selbst in einer themabezogenen Situation (Gedankenfeld aufbauen). Anschließend betrachtet er die in dem Kartenset dafür vorgesehene Sabotage-Fallen Karte mit dem Bild einer Orchidee zur Klärung etwaiger Sabotage-Fallen.

Wenn die dabei entstehenden Gedanken, Gefühle, Verhaltensweisen zutreffen oder die Energieformel, das Bild, die Farbe oder das Zitat den Klienten ansprechen (erkennbar durch eine positive oder negative Reaktion), wählt er einen der dort dargestellten Klopfpunkte aus und stimuliert diesen. Freud definierte die „Richtigkeit einer Deutung", hier der „richtigen" Karte, dadurch, dass sie den Menschen nicht „unberührt" lasse, sondern er sich auf eine neue Weise in ihr wiederfinde. Als typische Signale nannte Freud spontane Äußerungen wie: „Das (daran) habe ich (oder hätte ich) nie gedacht." Auch ein unmittelbares Zustimmen und darauf folgende neue Erinnerungen, die ähnlich oder analog zu dem Thema auf der Karte stehen sowie Empörung oder andere Reaktionen des „Berührt seins" können laut Freud eine mit der Deutung erzielte Resonanz auf Seiten des Klienten sein und somit die Richtigkeit der Deutung anzeigen. Dieses Verfahren kann auch auf die weiteren 61 Karten des Konzeptes ausgedehnt werden, um einen ganz spezifischen Aspekt der Sabotage-Falle aufzufinden und zu lösen. Im Anschluss daran kann das Thema dann bearbeitet werden.

Dieses Verfahren können Sie jederzeit auch selbst durchführen oder sich zum Energie-Profi ausbilden lassen, um die gesamte Vielfalt der darin enthaltenen energetischen Möglichkeiten anwenden zu können. Weiteres dazu, sowie Ideen und Anwendungsbeispiele finden Sie im Begleitbuch der Karten oder auf unserer Website **www.spirit-of-energy.de**.

5.3
Auflösung von Antreiber-Sabotage-Fallen

In den traditionellen Antreiber-Theorien werden die Antreiber als zu beseitigende Störenfriede definiert und es wird mit Hilfe von Änderung auf mentaler (Erlauber-Botschaft) und emotionaler (das bewusste Aussprechen des Antreibers) Ebene verändernd auf diese Energien eingewirkt. Wir sind der Überzeugung, dass die bewegende, antreibende Energie nicht beseitigt werden, sondern wieder in harmonischen Fluss gebracht werden sollte.

> Es gibt keine Lösungen im Leben. Es gibt Kräfte in Bewegung: Die muss man schaffen; die Lösungen folgen dann.
>
> Antoine de Saint-Exupéry

Um eine Veränderung hin zu einem ausgeglichenen Energiefluss zu erzielen, gilt es, eine neue Erfahrung zu machen, um alte Erfahrungsmuster abzulösen. Ein solcher Prozess lässt sich weder rein kognitiv noch über die Gefühls- oder Verhaltensebene erreichen, denn Unmögliches – aus der Sabotage heraus ist der Gedanke an eine andere Verhaltensweise unmöglich – lässt sich nicht denken oder fühlen. Erfahrungen finden gleichzeitig auf körperlicher, emotionaler, mentaler, intuitiver und energetischer Ebene statt. Sie werden im Raum zwischen dem Auftreten eines Reizes und der Reaktion auf diesen möglich. Dabei können diese Reiz-Reaktionsprozesse sowohl im Austausch mit der Umwelt erfolgen als auch innere Prozesse darstellen, in denen eigene Erkenntnisse entwickelt werden (Lernmodell von Gregory Bateson, dem angloamerikanischen Anthropologen, Biologen, Sozialwissenschaftler, Kybernetiker und Philosoph). Es bedarf daher eines Werkzeugs, das alle diese Ebenen gleichzeitig anspricht und aktiviert. Für einen Veränderungsschritt braucht der Mensch zudem die tiefe Gewissheit, „das kann ich" und den Glauben, dass er aktiv daran arbeiten kann, neue Erfahrungen zu machen. Wesentlich ist dabei das Einnehmen einer Beobachterrolle, einer Metaebene, hinsichtlich der eigenen Verhaltens-, Handlungs- und Denkweisen und das Verstören (im Sinne von durcheinanderbringen, verwirren) hinderlicher Muster.

In der chinesischen Energielehre werden für den Ausgleich der Energie innerhalb einer Wandlungsphase ganz bestimmte Akupunkturpunkte genutzt. Die Punkte, die diese Energien wieder in Balance bringen, werden als Luo-Punkte oder Passagepunkte bezeichnet. Sie verbinden die Hauptenergiebahnen zu einem gemeinsamen Netz. Das chinesische Zeichen für Luo bedeutet Netz oder etwas, das vielschichtig miteinander verbunden ist: ein Netzwerk. Betrachtet man den menschlichen Organismus als ein Netzwerk bestehend aus Trillionen von Zellen und unfassbar vielen verschiedenen Molekülen, erscheint es beeindruckend, wie all die täglichen Energiebewegungen aufeinander abgestimmt werden können und wie solch ein multikomplexes System optimal koordiniert wird. Die Luo-Punkte dienen dabei als unverzichtbarer Teil, als Passagen oder Energiebrücken des gesamten Energiesystems.

Wir machen uns ihre Netzwerkfunktion und die damit verbundene Fähigkeit, Yin-/Yang-Ungleichgewichte in den einzelnen Wandlungsphasen auszugleichen, zunutze und setzen sie als ausgleichende Punkte bei den Antreiber-Sabotage-Fallen ein. Ergänzend verbinden wir unter anderem die Luo-Klopfpunkte mit Affirmationen oder Leitsätzen, die in der Transaktionsanalyse als „Erlaubersätze" bezeichnet werden.

Die Karten als „Verstörer"

Die diesem Buch beiliegenden Sabotage-Fallen-Karten von Spirit of Energy bieten einen spielerischen, kreativen und multisensorischen Zugang, ermöglichen eine Meta-Lernbühne, um neue Erfahrungen zu inszenieren. Die Karten dienen als Brücke, um die „negative" Gewohnheitszone zu verlassen. Diese Gewohnheitszone erkennen Sie an folgenden Kernsätzen: „Da kann ich ja doch nichts ändern", „Lieber das, als etwas Ungewisses". Stattdessen wird eine neue Ebene mit interaktiven Lernprozessen beschritten: „Das kann ich schaffen, das geht".

> Ich suche nicht – ich finde. Suchen, das ist Ausgehen von alten Beständen und ein Finden-Wollen von bereits Bekanntem im Neuen. Finden, das ist das völlig Neue. Alle Wege sind offen und was gefunden wird, ist unbekannt.
>
> Pablo Picasso

Für die Veränderung der Antreiber-Sabotage-Fallen erfüllen die Karten viele unterschiedliche Funktionen. Zum einen dekodieren sie die energetische „Sprache" in Worte, Bilder und Farben. So finden Sie auf den Karten jeweils Informationen zu den Qualitäten der abgebildeten Luo-Klopfpunkte und verschiedene metaphorische Zugänge, welche die Energien der Punkte widerspiegeln, wie u.a. Zitate, Leitsätze (Energieformeln) und Farben. Die Sabotage-Fallen-Karten dienen weiter als Mentoren oder Impulsgeber und bieten dem Benutzer jederzeit eine Metaebene, um mit Hilfe der angebotenen Informationen (Bild, Informationen, Zitat, Sätze) sich selbst wahrzunehmen, zu reflektieren und mittels innerer Suchprozesse hin zu neuen Wegen und neuen Erfahrungen zu finden. *„Information ist ein Unterschied, der einen Unterschied macht."* (Bateson 1981, S. 582)

Die Spirit of Energy-Karten aktivieren fünf Veränderungsebenen, die wir als Intelligenzen beschreiben. Der Mensch kann sich in eine, für ihn „sabotierte", Situation hinein versetzen und währenddessen mit Hilfe der Karten seine verschiedenen Intelligenz-Ebenen ansprechen und verstören:

Physische Intelligenz (Körper) wird aktiviert durch das Stimulieren der Klopfpunkte, das Spüren des Rhythmus' und die bewusste Wahrnehmung unterschiedlicher Körperreaktionen.

Emotionale Intelligenz wird aktiviert durch das Wahrnehmen der dabei aufkommenden Gefühle, durch die Farben der Fotografien auf der Vorderseite der Karten, die metaphorisch wirkenden Zitate, die Sinnesaktivierung beim Lesen der Texte auf der Kartenrückseite.

Mentale Intelligenz (Verstand) wird aktiviert durch die Informationen und die dann eintretenden Suchprozesse zu den mentalen und psychologischen Aspekten der jeweiligen Luo-Klopfpunkte und Energiequalitäten, die die chinesische Energielehre definierte.

Intuitive Intelligenz (Herzintelligenz) wird aktiviert durch die Arbeit an den Erfahrungen des Klienten. Die oft entstehende Gesprächstrance, auch Alpha-Zustand genannt, ermöglicht es dem Klienten, sich mit seiner eigenen Sichtweise auseinanderzusetzen. Eigene Wege und Lösungen werden möglich, die auf dieser Ebene als innere Bilder, Botschaften, Ahnung, Bauchgefühl oder symbolische Information auftauchen.

Energetische Intelligenz wird aktiviert durch das Stimulieren der Luo-Klopfpunkte auf den Karten, die Farben und die Fotografien als Sinnbild für die volle Potenzialentfaltung der Naturkräfte; die Orchidee entspricht dem sogenannten Seinszustand.

Aktivierung der verschiedenen Ebene mit der Spirit of Energy-Karte

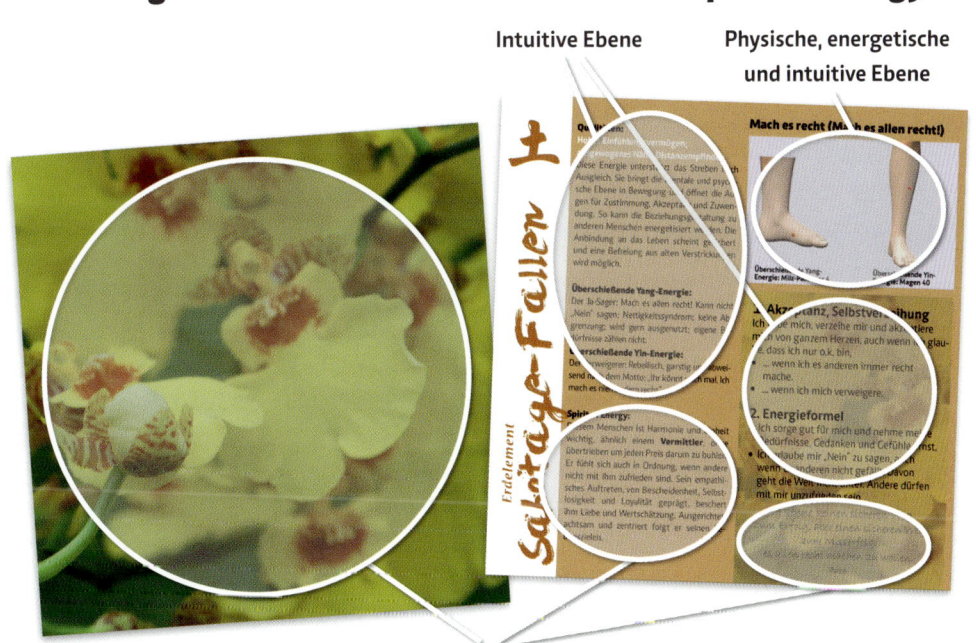

Die gleichzeitige Aktivierung dieser Ebenen führt neurophysiologisch zu Verwirrung, da ein Mensch nicht mehr als zwei dieser Ebenen gleichzeitig aktiv halten kann. Hierdurch wird eine neue Erfahrung möglich und Veränderung greifbar.

Weiterhin unterstützen die Sabotage-Fallen-Karten den inneren Prozess der Entkopplung mit Hilfe der Farben. Die auf der Vorderseite abgebildeten Orchideenblüten (fünf) spiegeln die Farben der Energie der Wandlungsphasen wider. Lassen Sie die Farbnuancen auf sich wirken. Die Orchidee wird als Königin der Blumen bezeichnet und fasziniert seit jeher die Menschen mit ihrer Schönheit, Anmut, Ausdauer und Reinheit. Formen- und Farbenspektrum und ihre unbegrenzte Wachstumsmöglichkeit sind in keiner anderen Pflanzenfamilie zu finden. Beim Entfalten ihrer Blüte ist sie auf dem Höhepunkt ihrer Kraft, zeigt ihr volles Potenzial und lässt sich auf das Spiel des Lebens ein.

Die Karten regen zu neuen Ideen und Lösungsansätzen für Problemsituationen an. Dazu dienen die auf den Karten vorhandenen Metaphern, Sprachbilder, Analogien und Wortspiele. Insbesondere die gewählten Nominalisierungen gehören zum Bereich der Werte wie Liebe, Frieden, Glück, Harmonie, Freiheit, Freude u.a. und sind daher stark emotional besetzt. Sie wirken wie eine Kraftquelle, um tiefsitzende, störende, den Menschen sabotierende antreibende Energien und die zu ihnen gehörenden Glaubenssätze aufzulösen. Dazu stellt man bei sich selbst ein passendes Erleben her und induziert dadurch sowohl mentale als auch emotional starke Zustände. Die alleinige Kontrolle darüber, welche dieser Ideen angenommen werden und wie sie genutzt werden, bleibt dabei vollkommen beim Anwender. Dies führt zum Erleben eines Selbstwirksamkeitsgefühls.

> Der unermeßlich reichen, stets sich erneuernden Natur gegenüber wird der Mensch, soweit er auch in der wissenschaftlichen Erkenntnis fortgeschritten sein mag, immer das sich wundernde Kind bleiben und muß sich stets auf neue Überraschungen gefaßt machen.
>
> Max Planck

Die Sabotage-Fallen-Karten aktivieren mehrere Lernbühnen gleichzeitig. Der Betrachter erreicht in seiner kreativen, spielerischen Auseinandersetzung mit den Karteninhalten und der von ihm erwünschten Situation eine oftmals tiefe Konzentration. Wenn mit Hilfe der unterschiedlichen Informationen im Menschen Bilder und Situationen hervorgerufen werden können, führt dies zu neuen Erfahrungen. Diese können auch mental und emotional, ohne direkte konkrete Handlung, in der Fantasie erlebt werden. Dazu lädt insbesondere die aktive Form der Satzgestaltung ein. Das Erfahrungslernen wird aktiviert.

Erscheint die neue Verhaltens- und Handlungsweise sinnvoll, resultiert sie in neuen Gewohnheitsmustern und schließlich in einer veränderten geistigen Haltung. Sie hat dann Auswirkungen auf Charakter und Kommunikation. Während der Umorganisation der Sabotage-Fallen wird gleichzeitig das bewusste Reflektieren eigener Wahrnehmungs- und Handlungsmuster begünstigt. Auf diese Weise können eigene mentale Modelle von der Welt und von sich selbst ständig neu überarbeitet und neue gute Entscheidungen getroffen werden (Lernmethodische Kompetenz). Eine solche tägliche „Reise" zu den eigenen Visionen und die Stärkung des Energielevels sowie die kontinuierliche Selbstreflexion sind wichtige Bestandteile einer guten energetischen Grundhaltung, frei von Sabotage-Fallen. Es geht dabei um kreative Lernschritte, bei denen nicht ein Speicher mit Inhalten gefüllt wird, sondern der Speicher selbst komplexere Strukturen annimmt – erzielt wird synergetisches Erkennen.

Handhabung der Sabotage-Fallen-Karten

Nachfolgend ein allgemeiner Ablauf für die Arbeit mit den Sabotage-Fallen-Karten. Weitere Anwendungsmöglichkeiten und Vertiefungen sind im nächsten Kapitel enthalten.

1. Das Thema, welches bearbeitet werden soll, wird gedanklich, emotional und mit so vielen Sinneseindrücken wie möglich „hervorgeholt".

2. Auswahl einer passenden Karte mit dem Antreiber, der auf das gewählte Thema zutrifft, bzw. mit dem Antreiber, der im eigenen Leben vertraut erscheint.

> Was uns oft an der Veränderung hindert, trotz aller Erkenntnisse? Die meisten können und wollen nicht heraus aus dem Konventionellen: weder im Denken, noch im Fühlen, am allerwenigstens im Handeln.
>
> Otto Weiß

3. Zunächst wird festgelegt, in welche Richtung der Antreiber wirkt: liegt überschießende Yang-Energie oder Yin-Energie vor? Dann wird die Abweichung von dem Gleichgewicht der Energie eingeschätzt auf einer Skala von Null bis Zehn. Der Wert Null bedeutet ein optimales und harmonisches Energiepotenzial. Der Wert Zehn entspricht dem maximalen Yang- oder dem maximalen Yin-Überschuss. Dementsprechend zeigt der Wert Eins an, dass die Yang- oder die Yin-Dynamik leicht erhöht ist.
Der auf der Karte abgebildete Klopfpunkt wird mit zwei Fingern einer Hand stimuliert – leicht klopfen oder berühren und tief durchatmen. Die Informationen auf der linken Kartenrückseite dienen zur Aktivierung der fünf Wahrnehmungs- oder Intelligenzebenen.
Dabei ist es förderlich, zuerst die Sätze zur Akzeptanz und Selbstverzeihung bei gleichzeitiger Stimulation des Klopfpunktes auszusprechen. Wenn sich das Thema weniger unangenehm anfühlt oder die Gefühlsintensität des Antreibers abnimmt, wird anschließend einer oder mehrere der Erlaubersätze ausgesprochen und mit Hilfe des Klopfpunktes als veränderte Handlungsmöglichkeit etabliert.

4. Das Nachmessen der subjektiven Einschätzung der Antreiberqualität sollte nun einen Wert von Zwei oder weniger ergeben. Liegt der Wert über Zwei, sind die Schritte 3.-6. zu wiederholen. Beträgt der Zahlenwert Null, Eins oder Zwei, so wird der Klopfpunkt nochmals aktiviert bei gleichzeitigem Aussprechen des zugehörenden Erlaubersatzes und Betrachten der Naturaufnahme. Wenn der Wert stabil bleibt und keine Veränderung mehr eintritt kann der Prozess abgeschlossen werden.

5. Die veränderte Handlungsmöglichkeit wird gedanklich bezüglich ihrer zukünftigen Alltagstauglichkeit geprüft. Wie wird sich der Alltag verändern? Woran wird erkannt, dass sich im eigenen Verhalten oder Handeln etwas geändert hat? Wer wird es als erster bemerken? Wann tritt die Veränderung ein? Für ein Gelingen der Veränderung ist mitentscheidend, wie detailliert die jeweiligen Fragen beantwortet werden können und dem Betreffenden bewusst sind. Diese Genauigkeit fördert ein nachhaltiges Reduzieren der antreibenden Energien auf ein gesundes Maß.

6. Wenn sich die Antreiber-Sabotage-Falle nochmals zeigen sollte, wird der Prozess wiederholt.

   Es gilt aktiv darauf hinzuwirken, mit Hilfe dieses Prozesses den Einfluss der Antreiber-Sabotage-Falle(n) zu verringern und im Alltag neue Erfahrungen zuzulassen. Dazu werden die neuen Verhaltensweisen geübt und eine stärkende, aufbauende Lebenshaltung, frei von Antreiber-Sabotage-Fallen, entwickelt. Dieser schrittweise Prozess, schult die Fähigkeit des differenzierten Erkennens, der konstruktiven Selbstbeobachtung und der Achtsamkeit. Mit der Zeit werden unliebsame, energieraubende Handlungs-, Verhaltens- und Denkweisen rechtzeitig erkannt, und das ohne die alten energieraubenden Prozesse zu aktivieren. Gelingt dies einmal nicht, so helfen die Schritte eins bis fünf dieses Ablaufes und die beiliegenden Karten, die Antreiber-Sabotage-Falle in stärkende Energie zurückzuführen. Dies zeigt sich in einer wachsenden inneren Gewissheit „So wie ich bin, bin ich o.k., immer und überall!"

Mit diesem Buch und den fünf beiliegenden Karten kann die Energie, die von archaischen Sabotage-Fallen bisher gebunden war, auf der Ebene der fünf Wandlungsphasen entdeckt, befreit und in persönliche hilfreiche Kräfte verwandelt werden.

Die Informationen auf den Karten und im vorliegenden Buch, insbesondere im nächsten Kapitel, dienen zur direkten Umsetzung im Alltag, zum Kennenlernen von persönlichen Verhaltens-, Handlungs- und Dialogmustern. Sie ermöglichen es, ein Gespür dafür zu entwickeln, wo und wann Antreiber-Sabotage-Fallen sich zeigen und umorganisiert werden sollten. Dieses Konzept unterstützt Sie darin, tiefsitzende archaische Saboteure für Sie nutzbringend umzuorganisieren. Und wer weiß, welche Potenziale dann in Erscheinung treten und zur Entfaltung kommen?

> Die wahre Entdeckungsreise liegt nicht darin, neue Länder zu erkunden, sondern die Wirklichkeit mit neuen Augen zu sehen.
>
> Marcel Proust

Eine Fülle an kreativen und innovativen Anleitungen sowie Anwendungsbeispielen finden Sie in unserer Veröffentlichung Spirit of Energy, Schatzsuche statt Fehlerfahndung, Kartenset mit 62 Karten und Begleitbuch, und auf unserer Website **www.spirit-of-energy.de.**

6 Sabotage-Fallen in der Praxis

In den vorangegangenen Kapiteln haben wir die Entstehung von destruktiven Antreiber-Energien beschrieben und Möglichkeiten aufgezeigt, wie diese in uns unterstützende Grundeinstellungen verwandelt werden können. Dazu haben wir Ihnen Karten vorgestellt, die Sie in diesem Prozess begleiten und unterstützen können. Nachfolgend werden ausführliche Handlungsschritte aufgezeigt und Sie erfahren, wie auch überschießende Yin-Energie wieder ins Gleichgewicht gebracht werden kann.

6.1
Welche Antreiber-Energie treibt Sie an? – Gebundene Energie befreien

Sich der eigenen destruktiv antreibenden Energien bewusst zu werden, hilft, sie schrittweise in nützliche Berater und Unterstützer zur Entfaltung der eigenen Potenziale zu wandeln. Beginnen Sie jetzt damit!

Beantworten Sie folgende Fragen; lassen Sie sich Zeit dabei:

- Welche Verhaltensweisen wurden in Ihrer Familie gutgeheißen, akzeptiert und/oder erwünscht?

- Wie wurde in Ihrem Elternhaus gedacht: Leistungsorientiert? Ängstlich? „Glas halb leer" oder „Glas halb voll"? Risikobereit oder sicherheitsorientiert? Sehr verschlossen oder weltoffen? Sehr tolerant oder auf eine „Wahrheit" fixiert?

- Welche Ideen hiervon finden sich heute noch bei Ihnen persönlich?

- Welche Verhaltensweisen waren eher unerwünscht, wurden nicht akzeptiert oder sogar bestraft?

> Das Beste, was wir tun können, ist, unserem inneren Heiler die Chance zu geben, seine Arbeit zu tun.
>
> Albert Schweitzer

Nicht selten wurden „ungeschriebene Familiengesetze" zu persönlichen Grundbotschaften und schließlich Kernüberzeugungen, die uns auch als Erwachsene begleiten, ohne dass sie auf Aktualität geprüft werden. Es kann sein, dass die übernommenen Grundbotschaften und Kernüberzeugungen inzwischen gar nicht mehr zu uns passen aber unsere persönliche Energie binden, uns sabotieren.

Wenn Sie Ihre Energie freisetzen möchten, wenn Sie mit einem entsprechenden Training beginnen möchten, bauen Sie zunächst ein „Gedankenfeld" auf:

Gedankenfeld aufbauen: Stellen Sie sich eine entsprechende Situation vor, nehmen Sie die Gefühle wahr, die bei dem Gedanken an diese Antreiber-Sabotage-Falle auftauchen. Es kann sein, dass Sie dabei fühlen, wie Sie sich in der Situation bewegen, dass innere Bilder erscheinen, dass Sie sich vorstellen wie und was Sie reden, was in Ihrem Umfeld passiert und vieles mehr.

Karten als Mentoren: Anschließend betrachten Sie die fünf Karten und wählen spontan die Karte aus, die Sie am meisten anspricht oder die Sie abstößt. Folgen Sie Ihrem Gefühl, was Sie mehr berührt: Das Bild oder die Farbe der Vorderseite, die Informationen zu physischen, emotionalen und mentalen Verhaltensweisen und Veränderungsmöglichkeiten, die Sätze für das Akzeptanz- und Selbstverzeihungs-Ritual des entsprechenden Saboteurs oder die Zitate auf der Rückseite.

Vertiefende Hinweise zu der jeweiligen Wandlungsphase (Holz, Feuer, Erde, Metall, Wasser) und den zugehörigen Sabotage-Fallen, ihren Gegenantreiberverhalten und den notwendigen Erlaubern finden Sie in diesem Buch im nachfolgenden Kapitel 6.2, in den Kapiteln 2.3 und 3.1 bis 3.6.

Stimulieren des Klopfpunktes: Auf der Karte ist ein Akupressurpunkt dargestellt, den Sie mit zwei Fingern einer Hand stimulieren durch leichtes Klopfen oder Berühren bzw. Halten. Gleichzeitig sprechen Sie den Satz aus, der auf der rechten Seite abgebildet ist, und betrachten die Farbe der Blüte. Stimulieren Sie den Klopfpunkt so lange, bis Sie eine Erleichterung verspüren.

6.2
Spirit of Energy anstelle von Antreiber-Sabotage-Fallen

Nachfolgend erfolgt eine detaillierte Auseinandersetzung mit den Sabotage-Fallen. Für jede Wandlungsphase wird die Qualität einer ausgewogenen Energie beschrieben und zusätzlich werden die Extreme, bei denen die Energie aus dem Gleichgewicht geraten ist, aufgezeigt: einerseits die antreibend wirkende überschießende Yang-Energie und andererseits die hemmend wirkende überschießende Yin-Energie. Die drei Erscheinungsformen werden ergänzt durch die jeweils dazu gehörenden Fähigkeiten und Fertigkeiten des Menschen (Spirit).

Die antreibende Energiedynamik wird meistens unbewusst reaktiviert. Dies kann durch die Wahrnehmung von äußeren und/oder von inneren „Botschaften", wie beispielsweise Sprach- und Verhaltensmustern, geschehen. Subjektiv leiden Menschen am stärksten unter den überschießenden antreibenden Energien, wenn ihre Fertigkeiten und der Anspruch von außen weit auseinanderklaffen. So erleben Sie einige vielleicht eher überschießende Energien als weniger belastend oder leidvoll als andere. Damit Sie die belastenden antreibenden Energien entdecken können, werden nachfolgend die zugehörenden Sprachmuster, Körpergesten und der typische Gesichtsausdruck zu dem jeweiligen antreibenden Sabotage-Programm aufgezeigt, ergänzt durch grundlegende

Abneigungen, die häufig aus den Sabotage-Fallen resultieren. Neue Handlungs-, Denk- und Verhaltensweisen werden aktiviert durch das Antrainieren von neuen Erlaubern und durch das systematische Durchbrechen der Denk- und Verhaltensmuster bei fehlgeleiteter antreibender oder konterdynamischer Energie.

Wir möchten Sie dazu einladen, an Ihren Antreiber-Sabotage-Fallen zu arbeiten, sich selbst zu akzeptieren und Sie darin unterstützen, liebevoll mit sich umzugehen. Auch die Bereitschaft, lustvoll Neues lernen zu wollen, braucht manchmal etwas Energie.

Wählen Sie einen der folgenden Punkte aus und halten oder klopfen Sie diese(n) mit zwei Fingern einer Hand:

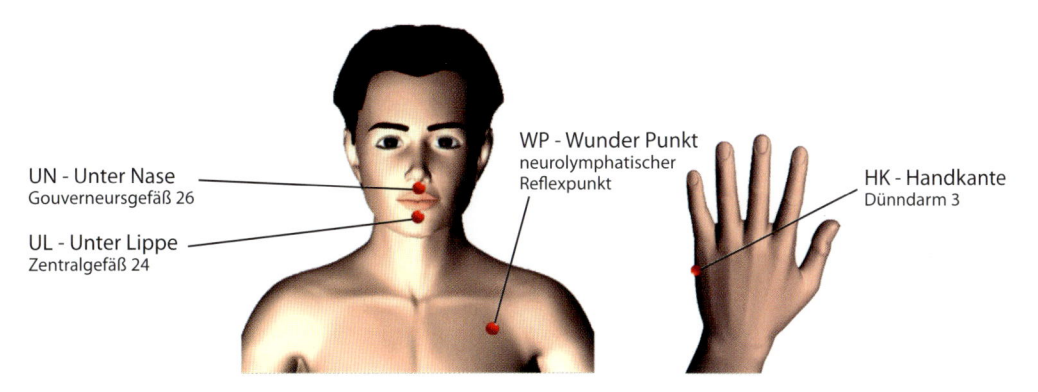

UN - Unter Nase
Gouverneursgefäß 26

UL - Unter Lippe
Zentralgefäß 24

WP - Wunder Punkt
neurolymphatischer Reflexpunkt

HK - Handkante
Dünndarm 3

Sprechen Sie gleichzeitig einen oder mehrere der nachfolgenden Sätze laut aus:

Ich liebe und akzeptiere mich von ganzem Herzen, auch wenn ich glaube, ...

- dass ich diese Sabotage niemals (jetzt noch nicht) bewältigen werde.
- dass ich in diesem Augenblick und genau an dieser Stelle, wo ich bin, und alles, was ich bin, ablehne (nicht lieben kann).
- dass ich weder stark und fähig, sensibel und empfänglich, liebevoll und liebenswert bin, noch mein Bestes tue.
- dass ich nie am richtigen Ort, zur richtigen Zeit, genau das Richtige tue.
- dass ich mich nicht löse von dem Bedürfnis, Recht zu haben und Bescheid zu wissen.

Achten Sie auf Ihre Reaktionen. Welcher Satz spricht Sie mehr an? Verweilen Sie so lange bei genau dem Satz, bis Sie ein inneres „Ja" spüren bei dem Gedanken „Ich werde jetzt die mich sabotierende Antriebsenergie in mich stärkende Erlauber verwandeln".

Zum Abschluss klopfen Sie den Punkt oder die Punkte und sagen dabei laut:

Ich kann getrost der Vergangenheit gegenübertreten.

Leicht und bequem löse ich mich von dem, was ich im Leben nicht mehr brauche. Ich bin frei.

Ich kann getrost in mein Inneres schauen und meine Lebensanschauung erweitern.

Ich begebe mich gern in den Fluss steter Veränderungen, neuer Erfahrungen und Erkenntnisse: Ich entscheide mich, so zu reagieren, als ob ich einen Schatz gefunden hätte, wenn ich etwas entdeckt habe, wovon ich mich lösen muss.

(angelehnt an Louise L. Hay)

> Wenn wir für etwas das wirklich treffende Wort finden wollen, muss es von innen heraus kommen, und es muss aus der inneren Formkraft heraus motiviert sein und nicht von außen hereinkommen, sondern es soll aus dem Inneren heraustreten. Das lebt in eigentlicher Weise im Innersten der Seele. Dort sind dir alle Dinge gegenwärtig, dort leben sie innerlich und suchen, dort sind sie am besten und am höchsten. Warum bemerkst du das nicht? Du bist dort nicht daheim.
> Meister Eckhart

Hektiker oder der Träge (träger Charakter)?
(Holzelement)

Energie

Die Energie der Wandlungsphase Holz dehnt sich in alle Richtungen aus und wird charakterisiert durch das Thema Wachstum. Sie entspricht dem menschlichen Bestreben zu wachsen und sich zu entfalten. Diese Energie nährt das grundlegende Bedürfnis des Menschen, die Fülle des Lebens zu erfahren und Wichtiges zu schaffen. Alles ist möglich.

Qualitäten

Wer mit einem gesunden Maß dieser Energie ausgestattet ist, dem verleiht sie genügend Kraft, sich in die Welt zu wagen. Sie befähigt dazu, ein enormes Arbeitspensum in kurzer Zeit zu bewältigen, gezielt zu delegieren und sich nicht in unsinnigen Details zu verlieren sowie flexibel gleich mehrere Tätigkeiten zeitgleich zu verrichten. Ihr Ziel ist es, Wichtiges nicht zu verpassen.

Spirit of Energy

Das Potenzial des Holzelements beinhaltet, sich geduldig und kreativ abenteuerlustig Neuem zu öffnen. Verfügen wir frei darüber, bringt diese Energie Dynamik in jedes Umfeld, reißt mit bei neuen Ideen sowie Projekten und löst Begeisterung aus. Der Mensch verfügt über eine hohe Auffassungsgabe sowie Aktivitäts- und Leistungsbereitschaft. Sein komplexes Raum-Zeitgefühl ermöglicht ihm, angemessen in seiner Zeit die Ziele zu erreichen und er kann selbst bei umfangreichen Aufgaben den roten Faden hin zum Gelingen im Auge behalten.

Gefahr

Die Energie der Wandlungsphase Holz strebt in alle Richtungen. Dies kann bei zu intensiver Anregung zur destruktiven Antreiber-Kraft und damit zu unkontrolliertem Wachstum oder zu einer Bremse für Wachstum, im Extremfall zur Trägheit, führen.

Sabotage-Falle

Wird die Energie des Elements Holz zu stark angetrieben, wird die Motivation, schnell zu sein, übermäßig gestärkt. Innere Stimmen werden laut, die an uns appellieren „Mach schneller! Sei immer auf Trab. Schau vorwärts! Beeil dich!"

Hohes Tempo und Vorwärtsdrängen fördern Ruhelosigkeit; Hektik kommt auf. Der Mensch läuft Gefahr, sich und sein Umfeld zu überfordern, da er zu fordernd und ungeduldig auf andere wirkt und diese dadurch das Gefühl haben, „überfahren" zu werden. Das führt bei ihm leicht zur Annahme, nicht dazu zu gehören. Er tendiert dazu, jede Form von Freude, Belohnung und Zuwendung anzustreben ohne dabei zu viel Zeit zu verlieren. Sein inneres Glaubensmuster „Ich bin nur o.k., wenn ich mich immer beeile" kann zu Schnellschüssen und spontanen Aktionen führen. Kurze Tür- und Angelgespräche treten an Stelle von entspanntem Austausch. Aufgrund der extremen Lösungsorientierung kommt aktives Zuhören zu kurz und andere werden in ihrem Reden unterbrochen: Ein solcher Mensch kann kaum innehalten und ist geistig immer einen Schritt voraus. Dabei gehen wichtige Informationen und Standpunkte verloren. Die Analyse wird häufig vernachlässigt. Schließlich verdreht sich das angestrebte Ziel ins Umgekehrte: Termine werden nicht eingehalten, es unterlaufen ihm Fehler und es findet keine Entspannung statt. Für sein Umfeld wirkt der Mensch nie richtig anwesend, überlastet, hektisch, unruhig. Es ist ihm nicht möglich, ruhig und konzentriert zu arbeiten. Er wird getrieben von seiner Überzeugung: „Ich darf nicht ausruhen". Dabei fürchtet er sich davor, anderen zu nahe zu kommen und entflieht gerne der Realität in Tagträume. Erst ein „Fehler" oder ein „Unglück" zwingen zurück zu einem langsameren Gang.

Als Führungskraft zeigt er zwar Führungsqualitäten, neigt jedoch dazu, vorschnell eigene Lösungen zu präsentieren, anstatt dem Team die Chance zur Lösungsfindung zu geben. Im Team wird die Atmosphäre merklich getrübt, wenn zu diesem Energiemuster noch die überschießende, antreibende Energie des Feuerelements „Streng dich an" oder des Metallelements „Perfekt sein" vorhanden ist. Dem dynamischen, überschießenden Menschen mit einer Holz-Antreiber-Sabotage sind die anderen dann einfach zu umständlich, zu langsam und zu wenig dynamisch. Häufig sprechen alle schlichtweg aneinander vorbei und geben tendenziell dem anderen die „Schuld" dafür.

Weitere Hinweise für versteckte Sabotage-Fallen

Körperhaltung: Geprägt von ständiger Bewegung, Hast und Unruhe, hohe Spannung spürbar; insbesondere wenn etwas lange dauert, nervöse Gestik wie z.B. Fingertrommeln, mit dem Fuß wippen, unruhig auf dem Stuhl herumrutschen, unruhiger Blick auf die Uhr.

Mimik: Ständig wechselnde und rasche Veränderung der Blickrichtung.

Sprechweise: Abgehackt, oft wahnsinnig schnell, sodass die Worte verschluckt werden oder durcheinander kommen, schwirig ihm zuzuhören.

Gefühl: Die Zeit läuft mir weg und vieles sollte noch erledigt werden.

Glaubenssatz: Ich verpasse ständig das Wesentliche im Leben. Ich darf mir für mich keinen Raum und keine Zeit nehmen, da sich niemand für mich interessiert.

Gegenbewegung: Vorgegebene Zeiten werden nicht eingehalten nach dem Motto: „Jetzt ganz langsam, nur nicht hetzen".

Überprüfung

Kommt Ihnen diese Holz-Antreiber-Sabotage bekannt vor? Kennen Sie eine innere Stimme, die sagt: „Beeil Dich. Mach schnell"? Oder eine innere Stimme, die zu Trägheit auffordert: „Jetzt ganz langsam, nur nicht hetzen"? Sind Ihnen die daraus resultierenden positiven wie auch negativen Qualitäten vertraut?

Wie fühlen Sie sich bei den nachfolgenden Sätzen? Können Sie diese bejahen?

- Ich erlaube mir, die Zeit zu nehmen, die ich für mein Vorhaben brauche.
- Ich darf mir angemessen Zeit lassen, auch für mich.
- Pausen sind erlaubt.

Wenn diese Sätze für Sie nicht völlig zutreffend sind und überzeugend mit einem „Ja" beantwortet werden können, lohnt es sich, diese Sabotage-Falle zu bearbeiten, um die Potenziale der Energiequalität ausschöpfen zu können.

Sabotage-Falle lösen

Wenn Sie ein Unbehagen empfunden haben, stellen Sie zuerst fest, ob es sich um überschießende Yang-Energie (hektisch) oder Yin-Energie (träge) handelt. Dann messen Sie die Intensität auf einer Skala von Null bis Zehn. Eins bedeutet, dass die Energie leicht erhöht ist und bei Zehn ist das Maximum der überschießenden Energie erreicht.

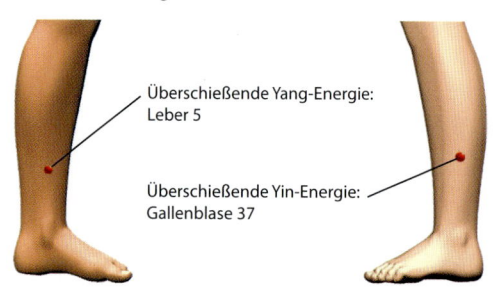

Überschießende Yang-Energie:
Leber 5

Überschießende Yin-Energie:
Gallenblase 37

Überschießende Yang-Energie: Klopfen oder halten Sie mit zwei Fingern einer Hand den Punkt Leber 5, der auf der Sabotage-Karte Holz abgebildet ist. Achten Sie auf jedes Signal Ihres Körpers, auf Ihre Gefühle und Ihre Gedanken, während Sie nachfolgende Sätze aussprechen:

- Ich liebe mich, verzeihe mir und akzeptiere mich von ganzem Herzen, auch wenn ich glaube, dass ich es nicht schaffe, mich von der Antreiber-Sabotage-Falle „Mach schnell" zu befreien.
- Ich liebe mich, verzeihe mir und akzeptiere mich von ganzen Herzen, auch wenn ich glaube, dass ich mich nicht ausruhen darf.

Überschießende Yin-Energie: Klopfen oder halten Sie mit zwei Fingern einer Hand den Punkt Gallenblase 37. Achten Sie auf jedes Signal Ihres Körpers, Ihre Gefühle und Ihre Gedanken, während Sie nachfolgende Sätze aussprechen:

- Ich liebe mich, verzeihe mir und akzeptiere mich von ganzem Herzen, auch wenn ich glaube, dass ich es nicht schaffe, mich aus der Trägheitsfalle der Sabotage-Falle „Mach schnell" zu befreien.

- Ich liebe mich, verzeihe mir und akzeptiere mich von ganzen Herzen, auch wenn ich glaube, dass ich mich niemals eilen darf, ohne gleich immer hetzen zu müssen.

Überprüfen Sie Ihre anfangs negativen Empfindungen bzw. Ihr Unbehagen. Wenn der zuvor gemessene Wert inzwischen bei Zwei oder weniger liegt, sprechen Sie folgende Sätze aus:

- Ich bin willens, meine Denk- und Handlungsweisen neu zu strukturieren. Ich sorge gut für mich und lasse jeden Rest von Unbehagen, der zu dieser Sabotage-Falle gehört, los. Ich nehme mir Zeit für mich.

- Ich erlaube mir, die Zeit zu nehmen, die ich für mein Vorhaben brauche. Ich darf mir Zeit lassen. Ich darf Pausen machen. Ich darf langsam sein.

Wiederholen Sie diese Prozedur bei jedem erneuten Anzeichen von Unwohlsein.

Sie laufen durch den Wald und treffen auf einen Mann, der fieberhaft daran arbeitet, einen Baum umzusägen.
„Was machen Sie da?" fragen Sie.
„Das sehen Sie doch", antwortet er ungeduldig. „Ich säge diesen Baum ab."
„Sie sehen erschöpft aus! Wie lange sind Sie denn schon zugange?"
„Über fünf Stunden", sagt er, „und ich bin k.o. Dies ist harte Arbeit."
„Warum machen Sie dann nicht ein paar Minuten Pause und schärfen die Säge? Ich bin sicher, dass es dann viel schneller ginge."
„Ich habe keine Zeit, die Säge zu schärfen", ruft der Mann emphatisch. „Ich bin zu sehr mit dem Sägen beschäftigt."

Stephen R. Covey

Der Unermüdliche oder Null-Bock-Typ?
(Feuerelement)

Energie

Die Energie der Wandlungsphase Feuer ist nach oben gerichtet und strebt ihrer vollen Entfaltung entgegen. Sie entspricht der menschlichen Fähigkeit, ganz bei der Sache zu sein, begeistert und tief versunken zu sein, im Flow zu sein. Diese Energie nährt das grundlegende Bedürfnis des Menschen, etwas zu leisten und erfolgreich zu sein.

Qualitäten

Wer mit einem gesunden Maß dieser Energie ausgestattet ist, den unterstützt sie, Herausforderungen wahrzunehmen und ermutigt dazu, auch schwierige, schweißtreibende Aufgaben anzunehmen. Diese Energie befähigt zum Handeln, Initiative zu ergreifen und begeistert mit großer Ausdauer dran zu bleiben. Selbst schwierige Projekte werden in Gang gebracht und zuverlässig, pflichtbewusst, diszipliniert bis zum Erreichen des Ergebnisses durchgeführt. Wie von einem Navigationsgerät gesteuert, strebt diese Energie an, unseren Erfolg zu sichern. Dazu ermöglicht sie höchste Aktivität zur Bewältigung auch anspruchsvollster Aufgaben.

Spirit of Energy

Das Potenzial der Feuer-Energie beinhaltet, voller Liebe und mit Geistesfrieden klar zu handeln. Verfügen wir frei darüber, bringt diese Antriebsenergie viel Freude in unser Leben. Der Mensch ist kommunikativ, herzlich, mit liebevoller Präsenz, mitfühlend und zärtlich. Er verfügt über Durchhalte- und Beharrungsvermögen und hat die Fähigkeit, seine Kraft angemessen einzusetzen. Er zeigt Initiative und begeistertes Engagement. Sein Gleichgewicht zwischen äußerer Präsentation und innerem Erleben vertieft die innere Klarheit, schärft seine Wahrnehmung und er kann authentisch aus seiner inneren Mitte heraus mit anderen Menschen in wirklichen Kontakt treten und Dinge umsetzen. Sein Motto ist: Tu es!

Gefahr

Die Energie der Wandlungsphase Feuer steigt zielgerichtet nach oben bis zu ihrer maximalen Ausdehnung. Dies kann bei zu intensiver Anregung zur destruktiven Antreiber-Kraft und damit zu Gefühlskälte und Oberflächlichkeit führen. Demgegenüber kann überschießendes Yin in einer Null-Bock-Haltung enden, bei der Vorhaben nicht abgeschlossen werden.

Sabotage-Falle

Wird die Energie des Elements Feuer zu stark entfacht, wird die Motivation „sich anzustrengen" übermäßig gestärkt. Innere Stimmen werden laut, die an uns appellieren „Streng Dich an. Gib dir Mühe. Müh dich bis zum letzten ab! Nur Schweres ist wertvoll".

Überschießende Energie in diesem Element entfacht ein übersteigertes Pflichtbewusstsein und der Mensch kann nicht mehr loslassen. Der innere Kampf, die Verbissenheit gewähren keine Pause, erlauben kein Nachgeben und keine Entspannung. Erfolge, die nicht auf Anstrengungen basieren, sind in dem Fall nichts wert. Was leicht von der Hand geht ist verdächtig – „Von nichts kommt nichts". Daher bemüht sich dieser Mensch ständig – macht sich Mühe – und erwartet dies auch von anderen. Wenn etwas nicht funktioniert, strengt er sich noch mehr an. Quantität geht dabei vor Qualität. Ein entspanntes Genießen, auch nach Erfolgen, ist kaum möglich. Beständig fühlt er sich von ernsten Problemen, Schwierigkeiten oder Krisen bedroht. Er lebt in dauerhafter Angst, dass andere besser sein könnten und will dem durch noch mehr Anstrengung entgegenwirken. Jede Aufgabe wird mühevoll zum Jahrhundertwerk, zur „Doktorarbeit", sogar zur „Sisyphus-Arbeit". Experimentieren verbietet er sich. Im Umfeld dieser Menschen spürt man die Last der Pflicht. Dies führt häufig zu Störungen in der Sprache, beispielsweise zu Schwierigkeiten, die richtigen Worte zu finden, zu leises oder zu lautes Sprechen oder die Unfähigkeit, Sätze abzuschließen. Formulierungen werden wiederholt neu begonnen. Dazu gehören auch Stottern oder andere Sprachprobleme. Beklemmungsgefühle, Panik und Verlustangst können Zeichen eines Ungleichgewichtes der Wandlungsphase Feuer sein.

Als Führungskraft ignoriert der Betroffene einfache Lösungen, macht oft alles selbst und tut sich schwer, Menschen mit einer abweichenden Arbeitsethik als wertvoll zu akzeptieren. Diese Entwicklung kann zu einem Workaholic führen. Dem Motto folgend, über 100 Prozent zu leisten, wird von sich und anderen viel Einsatz erwartet, bei gleichzeitiger Unzufriedenheit. Prioritäten fehlen meistens und es zählt nicht das Resultat, sondern die Anstrengung. Dabei darf Spaß nicht erlebt werden.

Weitere Hinweise für versteckte Sabotage-Fallen

Körperhaltung: Angespannte Haltung z.B. geballte Fäuste, leichtes Stirnrunzeln. Sitzt oft vorne auf dem Stuhl. Die Hände werden an Augen oder Ohren gelegt, als gäbe er sich die größte Mühe, etwas zu sehen oder zu hören.

Mimik: Die Augen werden zusammengekniffen; das ganze Gesicht wirkt verbissen.

Sprechweise: Verspannte Muskeln am Hals und um den Kehlkopfbereich lassen die Stimme gequält oder belegt klingen. Das wirkt beklemmt, als werde gegen Druck angekämpft und jede Silbe neu erzwungen.

Gefühl: Es gelingt mir doch nicht, aber ich muss es versuchen und mich (noch mehr) bemühen.

Glaubenssatz: Nichts kann ich wirklich. Ohne äußerste Anstrengung gelingt mir nichts – und selbst dann nicht immer! Erfolg kostet unendliche Kraft.

Gegenbewegung: Vieles wird gleichzeitig begonnen und nicht beendet.

Überprüfung

Kommt Ihnen diese Feuer-Antreiber-Sabotage bekannt vor? Kennen Sie eine innere Stimme die sagt: „Streng dich an. Gib dir Mühe"? Oder eine Stimme, die zur Null-Bock-Haltung auffordert: „Jetzt mal ganz lässig, alles ist einfach"? Sind Ihnen die daraus resultierenden positiven wie auch negativen Qualitäten vertraut?

Wie fühlen Sie sich bei den nachfolgenden Sätzen? Können Sie diese bejahen?

- Ich erlaube mir, vieles gelassener zu sehen.
- Weniger ist mehr; locker und loslassen.
- Es darf leicht sein.

Wenn diese Sätze für Sie nicht völlig zutreffend sind und überzeugend mit einem „Ja" beantwortet werden können, lohnt es sich, diese Sabotage-Falle zu bearbeiten, um die Potenziale der Energiequalität ausschöpfen zu können.

Sabotage-Falle lösen

Wenn Sie ein Unbehagen empfunden haben, stellen Sie zuerst fest, ob es sich um überschießende Yang-Energie (hektisch) oder Yin-Energie (träge) handelt. Dann messen Sie die Intensität auf einer Skala von Null bis Zehn. Eins bedeutet, dass die Energie leicht erhöht ist und bei Zehn ist das Maximum der überschießenden Energie erreicht.

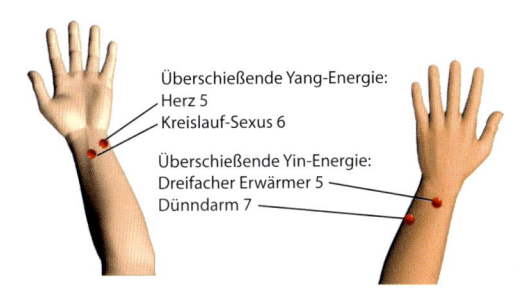

Überschießende Yang-Energie:
Herz 5
Kreislauf-Sexus 6

Überschießende Yin-Energie:
Dreifacher Erwärmer 5
Dünndarm 7

Überschießende Yang-Energie: Klopfen oder halten Sie mit zwei Fingern einer Hand einen der beiden Punkte Herz 5 oder Kreislauf-Sexus 6. Wählen Sie intuitiv den Klopfpunkt, der Sie mehr anspricht. Achten Sie auf jedes Signal Ihres Körpers, Ihre Gefühle und Ihre Gedanken, während Sie nachfolgende Sätze aussprechen:

- Ich liebe mich, verzeihe mir und akzeptiere mich von ganzem Herzen, auch wenn ich glaube, dass ich es nicht schaffe, mich von der Antreiber-Sabotage-Falle „Streng Dich an" zu befreien.

- Ich liebe mich, verzeihe mir und akzeptiere mich von ganzen Herzen, auch wenn ich glaube, dass ich nur, wenn ich mich anstrenge, Lob verdiene.

Überschießende Yin-Energie: Klopfen oder halten Sie mit zwei Fingern einer Hand einen der beiden Punkte Dünndarm 7 oder Dreifach Erwärmer 5. Wählen Sie intuitiv den Klopfpunkt, der Sie mehr anspricht. Achten Sie auf jedes Signal Ihres Körpers, Ihre Gefühle und Ihre Gedanken, während Sie nachfolgende Sätze aussprechen:

- Ich liebe mich, verzeihe mir und akzeptiere mich von ganzem Herzen, auch wenn ich glaube, dass ich es nicht schaffe, mich von der Null-Bock Haltung der Antreiber-Sabotage-Falle „Streng Dich an" zu befreien.

- Ich liebe mich, verzeihe mir und akzeptiere mich von ganzem Herzen, auch wenn ich glaube, dass ich immer ganz lässig sein sollte, damit ich mich von der Anstrengung befreien kann.

- Überprüfen Sie Ihre anfangs negativen Empfindungen bzw. Ihr Unbehagen. Wenn der zuvor gemessene Wert inzwischen bei Zwei oder weniger liegt, sprechen Sie folgende Sätze aus:

- Ich bin willens, meine Denk- und Handlungsweisen neu zu strukturieren. Ich sorge gut für mich und lasse jeden Rest von Unbehagen, der zu dieser Sabotage-Falle gehört, los. Ich darf mich entspannen und Erfolge genießen.

- Ich erlaube mir, vieles gelassener zu sehen. Weniger ist mehr; locker sein und loslassen. Es darf leicht sein. Ich darf Spaß haben. Ich tue es einfach. Ich traue es mir zu.

Wiederholen Sie diese Prozedur bei jedem erneuten Anzeichen von Unwohlsein.

Zu der Taufe des Prinzen wurden drei Feen geladen. Sie taten ihre Wünsche für den Prinzen kund. So wünschte ihm die erste Fee reichlich Liebe in seinem Leben, die zweite Reichtum und die dritte Schönheit.

Dann erschien plötzlich die böse Fee. Sie war wütend, weil sie nicht eingeladen wurde und sprach deshalb einen Fluch aus: „Du wirst Talent haben zu allem, was Du machen möchtest!" Der junge Prinz wuchs zu einem schönen, reichen Mann heran, der von allen geliebt wurde, so wie es die Feen in ihren Prophezeiungen kundgetan hatten. Aber er war auch ein ausgezeichneter Bildhauer, Maler, Musiker und Mathematiker. Doch er schaffte es nie, ein Vorhaben zu Ende zu bringen, weil er stets etwas Neues begann.

Paulo Coelho

Ja-Sager oder Verweigerer?
(Erdelement)

Energie

Die Energie der Wandlungsphase Erde entspricht einem Fließgleichgewicht. Sie stellt keine eigene Kraft dar, sondern entspricht dem Resultat aus Flieh- und Anziehungskräften, also den Yang- und Yin-Kräften. Sie ist der Stabilitätszustand zwischen Ausdehnung und Zusammenziehen. Sie entspricht der menschlichen Fähigkeit, gleichzeitig Sommer und Winter in sich zu vereinen, ganz unabhängig davon, wie die Witterungsverhältnisse draußen tatsächlich sind. Diese Energie nährt das grundlegende Bedürfnis des Menschen nach Liebe, Zuwendung und Zuneigung. Sie unterstützt das Streben nach Ausgleich.

Qualitäten

Wer mit einem gesunden Maß dieser Energie ausgestattet ist, den unterstützt sie in dem Bestreben, Zustimmung, Akzeptanz, Zuwendung und Liebe zu erhalten und Ablehnung, Zurückweisung und Einsamkeit zu vermeiden. In diesem Fall erfährt der Mensch eine Beziehungsgestaltung zu anderen Menschen, die getragen wird von Sympathie und Anerkennung für sein offenes Wesen. Die Energie des Elements Erde stärkt eine gute Intuition für Teamprozesse und ermöglicht Harmonie und Zusammenhalt.

Spirit of Energy

Das Potenzial der Erd-Energie beinhaltet Achtsamkeit und Zentriertheit. Verfügen wir frei darüber, verhilft diese antreibende Energie zu vielen glücklichen Momenten im Leben. Der Mensch kann sensibel und achtsam in sich und seinem Umfeld Disharmonien erkennen und diese akzeptieren. Geduldig und vertrauensvoll übernimmt er Verantwortung für sich und aktuelle Prozesse. Seine von Bescheidenheit, Selbstlosigkeit und Loyalität geprägte Haltung beschert ihm Liebe und Wertschätzung. Seine Qualität entspricht der eines sozial kompetenten Beziehungsmanagers: beliebt, teamfähig, kompromissbereit, integrierend, hilfsbereit, ausgleichend. Die Haltung ist geprägt von Authentizität und einem ausgewogenen, gefühlsbetonten Nähe- und Distanzempfinden.

Als Führungskraft gewinnt er aufgrund seines guten Einfühlungsvermögens, seiner „emotionalen Intelligenz", Menschen für sich und kann begeistern. Die Basis seiner Führungsqualität sind geteilte Werte und Ziele, die als Orientierung für selbstregulative Prozesse der Mitarbeiter dienen. Er versteht es, Gegensätze zu integrieren und beispielsweise hochqualifizierte Spezialisten zur guten Zusammenarbeit zu motivieren. Er weckt Lust auf Spitzenleistung des Einzelnen und führt sein Team zum Erfolg.

Gefahr

Die Energierichtung der Wandlungsphase Erde ist kreisend und zentrierend. Dies kann, bei zu intensiver Anregung zur destruktivsten der fünf Antreiber-Kräfte führen: Unstetigkeit und Lebensangst. Auf ein starkes Ungleichgewicht weisen das Horten von Reichtümern, Inflexibilität sowie Besessenheit hin. Die Yin-Dynamik äußert sich in einer Verweigerungshaltung – „Lasst mich in Ruhe!" – oder darin, dass der Betroffene sich trotzig jeder Art von Beziehung entzieht.

Sabotage-Falle

Wird die Energie des Elements Erde zu stark angetrieben, wird die Motivation „es allen recht zu machen" übermäßig gestärkt. Innere Stimmen werden laut, die an uns appellieren „Mach es allen recht. Sei immer liebenswürdig. Sei immer gefällig".

Um diesem Anspruch gerecht werden zu können und geichzeitig Zurückweisung und Einsamkeit zu vermeiden, entwickelt sich eine Verantwortung für alles und jeden. Dies führt letztlich zu Gefühlen der Fremdsteuerung und Ohnmacht. Eigene Gefühle werden nicht wahrgenommen. Der Mensch stellt seine Bedürfnisse zurück, richtet sich nach dem, was andere erwarten und kommt dabei selbst zu kurz. Er möchte beliebt sein und hat nicht gelernt „Nein" zu sagen. Er hat ein Nettigkeitssyndrom mit der Folge, dass er Konflikte nicht durchsteht. Konflikte scheut er genauso wie Ermahnungen, die sich für ihn anfühlen wie Schläge ins Gesicht. Er ist es gewohnt, sich anderen anzunähern ohne seine eigenen Bedürfnisse zu äußern. Daher wird kein eigener Standpunkt entwickelt. Er ist oft enttäuscht von seinem Gegenüber, weil dieser die erwartete – aus seiner Sicht: verdiente – Anerkennung nicht zeigt. Aus dieser Haltung heraus kann sich ein weiterer subtiler und unbewusster Mechanismus entwickeln: Wer nur gibt und nicht vom anderen nimmt, sorgt oft für Schuldgefühle beim Anderen.

Als Führungskraft fällt es ihm schwer, Konflikte in schwierigen Situationen offen anzusprechen und seine Führung offensichtlich zu machen. Dies kann zu Unsicherheit, Respektlosigkeit und auch Enttäuschung bei den ihm anvertrauten Kollegen führen. Mangelnde Führung ist der Ergebnisorientierung abträglich.

Weitere Hinweise für versteckte Sabotage-Fallen

Körperhaltung: Oft nach vorne gebeugt sitzend, die Körperhaltung wirkt geduckt. Beim Sprechen fällt ein häufiges Kopfnicken als Bestätigung auf.

Mimik: Es wird viel Blickkontakt mit dem Gegenüber gepflegt, bei geneigtem Kopf und gehobener Augenbraue. Die Stirn ist oft mit waagerechten Falten durchzogen und die Haltung der Mundwinkel erinnern an ein Lächeln. Der Gesichtsausdruck wirkt jedoch insgesamt eher verspannt.

Sprechweise: Die Stimme wirkt etwas piepsend oder auch wimmernd, die Tonhöhe ist hoch und die Satzmelodie geht am Ende jedes Satzes oder Satzteils gerne nach oben.

Gefühl: Ich bekommen meine Zuwendung nur dann, wenn ich es allen recht mache. Deshalb darf ich nie „Nein" sagen.

Glaubenssatz: Ich bin nur wertvoll, wenn ich dem Wohlbefinden anderer diene. Ich selbst bin als Person wertlos, unwichtig und habe keine Rechte.

Gegenbewegung: Rebellig, garstig und abweisend nach dem Motto: „Besser fies als ein Nichts".

Überprüfung

Kommt Ihnen diese Erde-Antreiber-Sabotage bekannt vor? Kennen Sie eine innere Stimme die sagt: „Sei liebenswürdig. Mach es allen recht"? Oder eine innere Stimme, die zur Verweigerung auffordert: „Besser fies als ein Nichts. Ihr könnt mich …"? Sind Ihnen die daraus resultierenden positiven wie auch negativen Qualitäten vertraut?

Wie fühlen Sie sich bei den nachfolgenden Sätzen? Können Sie diese bejahen?

- Ich erlaube mir „Nein" zu sagen, auch wenn es anderen nicht gefällt. Davon geht die Welt nicht unter.

- Andere dürfen mit mir unzufrieden sein.

Wenn diese Sätze für Sie nicht völlig zutreffend sind und überzeugend mit einem „Ja" beantwortet werden können, lohnt es sich, diese Sabotage-Falle zu bearbeiten, um die Potenziale der Energiequalität ausschöpfen zu können.

Sabotage-Falle lösen

Wenn Sie ein Unbehagen empfunden haben, stellen Sie zuerst fest, ob es sich um überschießende Yang-Energie (hektisch) oder Yin-Energie (träge) handelt. Dann messen Sie die Intensität auf einer Skala von Null bis Zehn. Eins bedeutet, dass die Energie leicht erhöht ist und bei Zehn ist das Maximum der überschießenden Energie erreicht.

Überschießende Yang-Energie:
Milz-Pankreas 4

Überschießende Yin-Energie:
Magen 40

Überschießende Yang-Energie: Klopfen oder halten Sie mit zwei Fingern einer Hand den Punkt Milz-Pankreas 4. Achten Sie auf jedes Signal Ihres Körpers, Ihre Gefühle und Ihre Gedanken, während Sie nachfolgende Sätze aussprechen:

- Ich liebe mich, verzeihe mir und akzeptiere mich von ganzem Herzen, auch wenn ich glaube, dass ich es nicht schaffe, mich von der Antreiber-Sabotage-Falle „Sei liebenswürdig um jeden Preis" zu befreien.

- Ich liebe mich, verzeihe mir und akzeptiere mich von ganzem Herzen, auch wenn ich glaube, dass ich nur geliebt werde, wenn ich es jedem recht mache.

Überschießende Yin-Energie: Klopfen oder halten Sie mit zwei Fingern einer Hand den Punkt Magen 40. Achten Sie auf jedes Signal Ihres Körpers, Ihre Gefühle und Ihre Gedanken, während Sie nachfolgende Sätze aussprechen:

- Ich liebe mich, verzeihe mir und akzeptiere mich von ganzem Herzen, auch wenn ich glaube, dass ich es nicht schaffe, mich von der trotzigen Verweigerung der Antreiber-Sabotage-Falle „Mach es allen recht" zu befreien.

- Ich liebe mich, verzeihe mir und akzeptiere mich von ganzem Herzen, auch wenn ich glaube, dass ich missmutig sein und mich verweigern muss, um es nicht immer allen recht zu machen.

Überprüfen Sie Ihre anfangs negativen Empfindungen bzw. Ihr Unbehagen. Wenn der zuvor gemessene Wert inzwischen bei Zwei oder weniger liegt, sprechen Sie folgende Sätze aus:

- Ich bin willens, meine Denk- und Handlungsweisen neu zu strukturieren. Ich sorge gut für mich und lasse jeden Rest von Unbehagen, der zu dieser Sabotage-Falle gehört, los. Ich nehme meine Bedürfnisse, Gedanken und Gefühle ernst.

- Ich erlaube mir „Nein" zu sagen, auch wenn es anderen nicht gefällt. Davon geht die Welt nicht unter. Andere dürfen mit mir unzufrieden sein.

Wiederholen Sie diese Prozedur bei jedem erneuten Anzeichen von Unwohlsein.

> Ein Mann reitet auf seinem Esel nach Haus und lässt seinen Sohn zu Fuß nebenher laufen. Kommt ein Wanderer und sagt: „Das ist nicht recht Vater, dass Ihr reitet und lasst Euren Sohn laufen; Ihr habt stärkere Glieder."
>
> Da stieg der Vater vom Esel herab und ließ den Sohn reiten. Kommt wieder ein Wandersmann und sagt: „Das ist nicht recht Bursche, dass du reitest und lässt Deinen Vater zu Fuß gehen. Du hast jüngere Beine."
>
> Da saßen beide auf und ritten eine Strecke. Kommt ein dritter Wandersmann und sagt: „Was ist das für eine Quälerei, zwei Kerle auf einem schwachen Tier? Sollte man nicht

einen Stock nehmen und Euch beide hinab jagen?" Da stiegen beide ab und gingen zu Fuß, rechts und links der Vater und Sohn und in der Mitte der Esel.

Kommt ein vierter Wandersmann und sagt: „Ihr seid drei kuriose Gesellen. Ist's nicht genug, wenn zwei zu Fuß gehen? Geht's nicht leichter, wenn einer von Euch reitet?" Da band der Vater dem Esel die vorderen Beine zusammen, und der Sohn band ihm die hinteren Beine zusammen, zogen einen starken Baumpfahl durch, der an der Straße stand und trugen den Esel auf der Achsel heim.

Johann Peter Hebel

Perfektionist oder der Unverstandene?
(Metallelement)

Energie

Die Energie der Wandlungsphase Metall zieht sich zusammen und richtet sich nach innen. Sie ist entgegengesetzt der Energie der Wandlungsphase Holz. Sie entspricht dem menschlichen Wunsch in sich zu ruhen und in seiner Mitte zu sein. Diese Energie nährt das grundlegende Bedürfnis des Menschen, sich seiner Fähigkeiten bewusst zu werden und sie entsprechend seinem Wissen und Können zu entfalten.

Qualitäten

Wer mit einem gesunden Maß dieser Energie ausgestattet ist, dem verleiht sie die Konzentration auf das Wesentliche. Dinge werden von mehreren Seiten beleuchtet, es erfolgt eine gründliche Analyse sowie die dazugehörige, zuverlässige und genaue Umsetzung. Gerne erzählt dieser Mensch mehr als gefragt wurde. Im Rahmen von Beziehungen stärkt die Energie die Fähigkeit, sich berühren zu lassen, Kontakt von anderen anzunehmen oder gar genießen zu können, bei der gleichzeitigen Fähigkeit, sich daraus wieder zu lösen, sich zu trennen und loszulassen.

Spirit of Energy

Das Potenzial der Metall-Energie beinhaltet, mitfühlend zu sein und Überflüssiges jederzeit loslassen zu können. Verfügen wir frei darüber, bringt diese antreibende Energie den richtigen Anstoß im richtigen Moment. Der Mensch handelt mit Sorgfalt, Geduld, Achtsamkeit und geistiger Klarheit. So wird Raum möglich für das Entstehen kreativer Neuschöpfungen. Mit heiterer Gelassenheit kann der Mensch sich und andere Menschen, Situationen und Handlungen so annehmen und lieben wie sie sind. Sein Streben nach Präzision sowie Vollkommenheit im Handeln und in den Resultaten kann er klar unterscheiden.

Gefahr

Die Energierichtung der Wandlungsphase Metall ist sich zusammenziehend. Dies kann bei zu intensiver Anregung zur destruktiven Antreiber-Kraft und damit zu Orientierungslosigkeit und zum Erstarren in einer vorgegeben Form führen. Die Gegenbewegung führt zu Gleichgültigkeit – „mir ist alles egal" – und dem Gefühl, nicht gesehen und nicht verstanden zu werden.

Sabotage-Falle

Wird diese Energie des Elements Metall zu stark angetrieben, wird die Motivation perfekt zu sein übermäßig gestärkt. Innere Stimmen werden laut, die an uns appellieren „Sei perfekt. Mach es richtig. Mach bloß keine Fehler".

Perfektionismus führt zu latenter Unzufriedenheit. Der Mensch wagt es nicht mehr zu experimentieren. Er fühlt sich isoliert und strebt Perfektion und Vollkommenheit an. Alles muss gründlich getan werden. Ziele werden übererfüllt. Im Bestreben akzeptiert und anerkannt zu werden, wird versucht, Kontrolle über die Dinge und über andere Menschen zu gewinnen. Um Fehler und Inkompetenz zu vermeiden, herrscht permanenter Druck. Eigene Erfolge werden nicht wahrgenommen, weil das Gefühl vorherrscht, dass die Leistung nicht gut genug war. Kräftezehrend wird jede Tätigkeit zum Streben nach Perfektion, ohne Rücksicht auf Zeitaufwand und Kosten. Von sich (und anderen) verlangt dieser Mensch Gründlichkeit, Vorbildfunktion, Präzision und Übererfüllung von Aufgaben und Zielen.

Im Berufsalltag reicht eine 100prozentige Ausführung oder gar ein Kompromiss nicht mehr aus. Das führt zu langen Arbeitszeiten, zu einem schlechten Kosten-Nutzen-Verhältnis und der Gefahr, sich zu verzetteln. Es kommt zum Vergessen von Fertigstellungsterminen, zu Überarbeitung, überzogener Kritiker-Haltung. Der Mensch trägt eine „Negativ"-Brille, da Positives als selbstverständlich angesehen wird.

Als Führungskraft gelingt ihm selten eine Mitarbeiterbindung durch Begeisterung, eher durch Verlässlichkeit. Der perfektionistische Anspruch an Kollegen und Mitarbeiter lässt das Delegieren von Aufgaben nicht zu. Die Zusammenarbeit mit Perfektionisten ist schwierig: In ihrem Umfeld fühlen sich die anderen als „Loser".

Weitere Hinweise für versteckte Sabotage-Fallen

Körperhaltung: Geprägt von einer Mimik und Gestik des „großen Denkers". Im Gespräch werden Aufzählungen gerne mit der Gestik der Hände unterstrichen.

Mimik: Der Mund wirkt leicht verspannt und die Mundwinkel sind etwas nach außen gezogen. Der Blick geht nach oben und zur Seite, als könne an Wand oder Decke die perfekte Antwort abgelesen werden. Nach unten wird der Blick in der Regel nur bei Pausen gesenkt.

Sprechweise: Die Stimme klingt ruhig, ausgeglichen, „erwachsen" und verhalten.

Gefühl: Ich bin für andere nicht liebenswert oder von Interesse.

Glaubenssatz: Ich bekomme keine Anerkennung, weil ich Fehler mache und zu wenig Kontrolle über Menschen und Dinge habe.

Gegenbewegung: Vorschläge und Kritik werden nicht wirklich angenommen. Vordergründig ist das Gefühl des Unverstandenseins und des Aufgebens.

Überprüfung

Kommt Ihnen diese Metall-Antreiber-Sabotage bekannt vor? Kennen Sie eine innere Stimme, die sagt: „Sei perfekt. Mach es richtig"? Oder eine innere Stimme, die auffordert: „Mir versteht keiner.

Ich werfe die Flinte ins Korn"? Sind Ihnen die daraus resultierenden positiven wie auch negativen Qualitäten vertraut?

- Wie fühlen Sie sich bei den nachfolgenden Sätzen? Können Sie diese bejahen?

- Ich erlaube mir, Fehler zu machen.

- Aus Fehlern lerne ich.

- Es ist nicht tragisch, wenn ich Fehler mache. Ich darf Fehler machen.

Wenn diese Sätze für Sie nicht völlig zutreffend sind und überzeugend mit einem „Ja" beantwortet werden können, lohnt es sich, diese Sabotage-Falle zu bearbeiten, um die Potenziale der Energiequalität ausschöpfen zu können.

Sabotage-Falle lösen

Wenn Sie ein Unbehagen empfunden haben, stellen Sie zuerst fest, ob es sich um überschießende Yang-Energie (hektisch) oder Yin-Energie (träge) handelt. Dann messen Sie die Intensität auf einer Skala von Null bis Zehn. Eins bedeutet, dass die Energie leicht erhöht ist und bei Zehn ist das Maximum der überschießenden Energie erreicht.

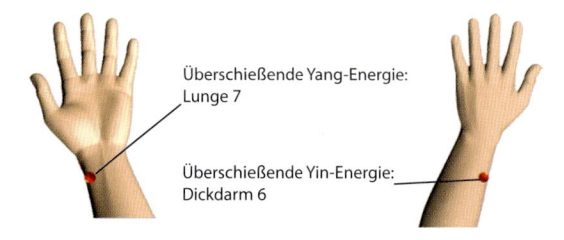

Überschießende Yang-Energie: Lunge 7

Überschießende Yin-Energie: Dickdarm 6

Überschießende Yang-Energie: Klopfen oder halten Sie mit zwei Fingern einer Hand den Punkt Lunge 7. Achten Sie auf jedes Signal Ihres Körpers, Ihre Gefühle und Ihre Gedanken, während Sie nachfolgende Sätze aussprechen:

- Ich liebe mich, verzeihe mir und akzeptiere mich von ganzem Herzen, auch wenn ich glaube, dass ich es nicht schaffe, mich von der Antreiber-Sabotage-Falle „Sei Perfekt" zu befreien.

- Ich liebe mich, verzeihe mir und akzeptiere mich von ganzem Herzen, auch wenn ich glaube, dass ich nur etwas tauge, wenn ich alles perfekt und ohne Fehler erledige.

Überschießende Yin-Energie: Klopfen oder halten Sie mit zwei Fingern einer Hand den Punkt Dickdarm 6. Achten Sie auf jedes Signal Ihres Körpers, Ihre Gefühle und Ihre Gedanken, während Sie nachfolgende Sätze aussprechen:

- Ich liebe mich, verzeihe mir und akzeptiere mich von ganzem Herzen, auch wenn ich glaube, dass ich es nicht schaffe, mich von der „Mir doch egal"-Haltung der Antreiber-Sabotage-Falle „Sei perfekt" zu befreien.

- Ich liebe mich, verzeihe mir und akzeptiere mich von ganzem Herzen, auch wenn ich glaube, dass ich Kritik und Anregungen kaum annehmen kann, ohne mich gleich in meinem Tun nicht beachtet und missverstanden zu fühlen.

- Überprüfen Sie Ihre anfangs negativen Empfindungen bzw. Ihr Unbehagen. Wenn der zuvor gemessene Wert inzwischen bei Zwei oder weniger liegt, sprechen Sie folgende Sätze aus:

- Ich bin willens, meine Denk- und Handlungsweisen neu zu strukturieren. Ich sorge gut für mich und lasse jeden Rest von Unbehagen, der zu dieser Sabotage-Falle gehört, los. Ich muss nicht alles wissen. Auch andere machen Fehler.

- Ich erlaube mir, mich nicht stets zu rechtfertigen.

- Ich erlaube mir, Fehler zu machen. Aus Fehlern lerne ich. Es ist nicht tragisch, wenn ich Fehler mache. Ich darf Fehler machen.

Wiederholen Sie diese Prozedur bei jedem erneuten Anzeichen von Unwohlsein.

Ein Kind wollte mit seinem Vater spielen. Da der Vater weder Zeit noch Lust zum Spielen hatte, kam ihm eine Idee, um das Kind zu beschäftigen.

In einer Zeitung fand er eine detailreiche Abbildung der Erde. Er riss das Blatt mit der Weltkugel aus der Zeitung und zerschnitt es in viele kleine Einzelteile. Das Kind, das Puzzles liebte, machte sich sofort ans Werk und der Vater zog sich zufrieden zurück.

Aber schon nach kurzer Zeit kam das Kind mit dem vollständigen Welt-Bild. Der Vater war verblüfft und wollte wissen, wie es möglich war, in so kurzer Zeit die Einzelteile zu ordnen.

„Das war ganz einfach!", antwortete das Kind stolz. „Auf der Rückseite des Blattes war ein Mensch abgebildet. Damit habe ich begonnen. Als der Mensch in Ordnung war, war es auch die Welt."

Autor unbekannt

Held oder Opfer?
(Wasserelement)

Energie

Die Energie der Wandlungsphase Wasser wirkt zusammenziehend und strebt nach unten. Es kommt zu einer Konzentration der vorhandenen Energie, vergleichbar mit dem Rückzug der Natur im Winter. Dies entspricht dem menschlichen Zustand erhöhter Achtsamkeit – einem wachen Nichts-Tun. um sich dann wieder offenherzig und vertrauensvoll Unbekanntem zuzuwenden. Diese Energie nährt das grundlegende Bedürfnis des Menschen nach Vertrauen und Sicherheit in sozialen Kontakten. Aus diesem Gefühl der Kraft und Sicherheit heraus kann eine neuerliche Entfaltung im Holz-Element erwachsen.

Qualitäten

Wer mit einem gesunden Maß dieser Energie ausgestattet ist, dem verleiht sie ein kraftvolles Durchhaltevermögen, Stabilität und Ruhe. Der Mensch ruht in sich, ist selbstsicher und kann Nähe zu anderen Menschen zulassen. Die positive Qualität dieser antreibenden Energie dient dazu, sich Sicherheit zu verschaffen, die Gefühle unter Kontrolle zu halten und Verletzlichkeit und Abhängigkeit zu vermeiden. Sie hilft dem Menschen, vorsichtig zu sein und vermittelt ihm ein Gefühl der Selbstwirksamkeit sowie das Bewusstsein, sich auf sich selbst verlassen zu können. Dieser Mensch kann selbst in schwierigen Lebenslagen und Krisen Ruhe bewahren, auch unpopuläre Entscheidungen treffen und zuverlässig jede Situation meistern, einem Fels in der Brandung entsprechend.

Spirit of Energy

Das Potenzial des Elements Wasser beinhaltet Furchtlosigkeit und Weisheit. Verfügen wir frei darüber, bringt diese antreibende Energie die höchstmögliche Konzentration unserer Kraft. Diese Kraft entfaltet sich zumeist erst in Extremsituationen in ihrem gesamten Potenzial: Überlebenswille und eine natürliche Autorität sind dieser Energie zugeordnet. Der Mensch hat die Fähigkeit, das eigene Potenzial zu nutzen, authentisch zu handeln mit Herz und Verstand, ohne sich von seinen Handlungsimpulsen, Gefühlen und Gedanken überrollt zu fühlen. Dies verleiht ihm Stabilität im Sinne von Festigkeit und selbstbestimmter, kreativer Disziplin. Mit klarer Sicht, Distanzfähigkeit, gesundem Willen, Dauerhaftigkeit, müheloser Kraft, Sanftmut, Anpassungsfähigkeit, Mut und Entschlossenheit kann der Mensch auch bei Angst oder Unsicherheit seiner inneren Führung, dem Unbewussten, vertrauen.

Gefahr

Die Energie der Wandlungsphase Wasser ist nach unten gerichtet. Dies kann, bei zu intensiver Anregung zur destruktiven Antreiber-Kraft führen, die sich im Haltlosen verliert und eisige Kälte ausstrahlt. Sie schwächt den Selbstwert und schürt ein Gefühl des Versagens. In der Gegenbewegung zeigt sich das in einer Opferhaltung, einer leidvollen Unterwerfung und in „wehleidigem" Verhalten.

Sabotage-Falle

Wird diese Energie des Elements Wasser zu stark angetrieben, wird die Motivation „stark zu sein" übermäßig gestärkt. Innere Stimmen werden laut, die an uns appellieren „Sei stark. Fühle nicht. Beiß die Zähne zusammen. Zeig keine Gefühle. Bewahre Haltung!" Durch Bestimmtheit und Gefühlskontrolle wird versucht, Sicherheit zu gewinnen und Verwundbarkeit durch Abhängigkeit von anderen zu vermeiden.

Der Mensch wirkt zurückhaltend, manchmal sogar stoisch. Aufgeben kommt für ihn nicht in Frage und zu seinen und den Gefühlen anderer geht er lieber auf Distanz. Er hat die Fähigkeiten, loslassen zu können, sich hinzugeben und sich in andere hinein zu fühlen verloren. Das lässt ihn egoistisch werden. Er achtet ausschließlich auf sich selbst und kommandiert die anderen herum. Aus Mut wird Übermut. Ein tollkühner Draufgänger, der rücksichtslos nicht mehr den Blick für das Ganze hat. Er ist ein „starker" Mensch, der andere kaum an sich heran lässt. Dies verhindert das Zustandekommen einer wirklich engen Beziehung und kann im Team und bei Menschen, die eher beziehungsorientiert sind, zu Frustration führen. Wer sich nicht öffnet, dem öffnet man sich nicht.

Für eine Führungskraft kann diese Stärke eine nützliche Eigenschaft sein. Als zu starke Führungskraft überschätzt er sich oftmals selbst. Er kommt persönlich häufig zu kurz, da er das Gefühl hat, dass er der Held sein muss und Tapferkeit um jeden Preis von ihm gefordert wird. Da er die Heldenrolle innehat, blockiert er nicht selten mögliche Spitzenleistungen seiner Mitarbeiter. Nach dem Motto: Es gibt nur einen Helden oder „Supermann" – und danach kommt lange nichts. Nach außen wirkt er wie versteinert und verbirgt seine Gefühle hinter einer Maske. Die permanente Überforderung führt mittelfristig zum Burnout.

Weitere Hinweise für versteckte Sabotage-Fallen

Körperhaltung: Die Körperhaltung wirkt verschlossen. Die sparsame Gestik unterstreicht diese äußere Leblosigkeit.

Mimik: Das Gesicht wirkt unlebendig eher starr, ausdrucks- und bewegungslos.

Sprechweise: Wirkt unbewegt, monoton, im Allgemeinen leise. Der Mensch spricht nicht von sich selbst, sondern wählt eine Ausdrucksweise, in welcher er zu sich selbst auf Distanz geht und unverbindlich bleibt: „Da freut man sich ja schon".

Gefühl: Gefühle werden versachlicht.

Glaubenssatz: Ich kann keinem vertrauen. Ich sollte jederzeit stark und unangreifbar sein und auf das Schlimmste gefasst und dafür gewappnet sein.

Gegenbewegung: Die eigenen Anliegen lässt man unerledigt, lässt sich quälen und fügt sich leidend anderen und/oder der Situation.

Überprüfung

Kommt Ihnen diese Wasser-Antreiber-Sabotage bekannt vor? Kennen Sie eine innere Stimme, die sagt „Sei stark. Fühle nicht"? Oder eine innere Stimme, die zur Opfer-Haltung auffordert: „Mit mir könnt ihr es ja machen"? Sind Ihnen die daraus resultierenden positiven wie auch negativen Qualitäten vertraut?

Wie fühlen Sie sich bei den nachfolgenden Sätzen? Können Sie diese bejahen?

Ich erlaube mir, Schwäche zu zeigen.

Ich darf mir Hilfe und Unterstützung holen. Dadurch verliere ich nicht mein Gesicht.

Wenn diese Sätze für Sie nicht völlig zutreffend sind und überzeugend mit einem „Ja" beantwortet werden können, lohnt es sich, diese Sabotage-Falle zu bearbeiten, um die Potenziale der Energiequalität ausschöpfen zu können.

Sabotage-Falle lösen

Wenn Sie ein Unbehagen empfunden haben, stellen Sie zuerst fest, ob es sich um überschießende Yang-Energie (hektisch) oder Yin-Energie (träge) handelt. Dann messen Sie die Intensität auf einer Skala von Null bis Zehn. Eins bedeutet, dass die Energie leicht erhöht ist und bei Zehn ist das Maximum der überschießenden Energie erreicht.

Überschießende Yang-Energie: Niere 4

Überschießende Yin-Energie: Blase 58

Überschießende Yang-Energie: Klopfen oder halten Sie mit zwei Fingern einer Hand den Punkt: Niere 4. Achten Sie auf jedes Signal Ihres Körpers, Ihre Gefühle und Ihre Gedanken, während Sie nachfolgende Sätze sprechen:

- Ich liebe mich, verzeihe mir und akzeptiere mich von ganzem Herzen, auch wenn ich glaube, dass ich es nicht schaffe, mich von der Antreiber-Sabotage-Falle „Sei stark" zu befreien.

- Ich liebe mich, verzeihe mir und akzeptiere mich von ganzen Herzen, auch wenn ich glaube, dass ich keine Gefühle zeigen darf und niemandem trauen sollte.

Überschießende Yin-Energie: Klopfen oder halten Sie mit zwei Fingern einer Hand den Punkt Blase 58. Achten Sie auf jedes Signal Ihres Körpers, Ihre Gefühle und Ihre Gedanken, während Sie nachfolgende Sätze sprechen:

- Ich liebe mich, verzeihe mir und akzeptiere mich von ganzem Herzen, auch wenn ich glaube, dass ich es nicht schaffe, mich von der Opfer-Haltung der Antreiber-Sabotage-Falle „Sei stark" zu befreien.

- Ich liebe mich, verzeihe mir und akzeptiere mich von ganzen Herzen, auch wenn ich glaube, dass ich meine Sicherheit verliere, wenn ich meine Bedürfnisse lebe.

Überprüfen Sie Ihre anfangs negativen Empfindungen bzw. Ihr Unbehagen. Wenn der zuvor gemessene Wert inzwischen bei Zwei oder weniger liegt, sprechen Sie folgende Sätze aus:

- Ich bin willens, meine Denk- und Handlungsweisen neu zu strukturieren. Ich sorge gut für mich und lasse jeden Rest von Unbehagen, der zu dieser Sabotage-Falle gehört, los. Ich darf Gefühle zeigen oder für mich behalten und bin deshalb nicht schwach.

- Ich erlaube mir, Schwäche zu zeigen und ich darf mir Hilfe und Unterstützung holen. Dadurch verliere ich nicht mein Gesicht.

Wiederholen Sie diese Prozedur bei jedem erneuten Anzeichen von Unwohlsein.

Gespräch der ungeborenen Zwillinge

Ein ungeborenes Zwillingspärchen unterhält sich im Bauch der Mutter.

„Sag' mal, glaubst Du eigentlich an ein Leben nach der Geburt?" fragt der eine Zwilling.

„Ja, auf jeden Fall! Hier drinnen wachsen wir und werden für das, was draußen kommen wird, vorbereitet", antwortet der andere Zwilling.

„Ich glaube, das ist Blödsinn!" sagt der erste. „Es kann kein Leben nach der Geburt geben – wie sollte das denn bitteschön aussehen?"

„So ganz weiß ich das auch nicht. Aber es wird sicher viel heller als hier sein. Und vielleicht werden wir herumlaufen und mit dem Mund essen?"

„So einen Unsinn habe ich ja noch nie gehört! Mit dem Mund essen, was für eine verrückte Idee. Es gibt doch die Nabelschnur, die uns ernährt. Und wie willst du herumlaufen? Dafür ist die Nabelschnur viel zu kurz."

„Doch, es geht bestimmt. Es wird eben alles nur ein bisschen anders."

„Du spinnst! Es ist noch nie einer zurückgekommen nach der Geburt. Mit der Geburt ist das Leben zu Ende, Punktum."

„Ich gebe ja zu, dass keiner weiß, wie das Leben nach der Geburt aussehen wird. Aber ich weiß, dass wir dann unsere Mutter sehen werden, und sie wird für uns sorgen."

„Mutter???? Du glaubst doch wohl nicht an eine Mutter? Wo ist sie denn bitte?"

„Na hier – überall um uns herum. Wir sind und leben in ihr und durch sie. Ohne sie könnten wir gar nicht sein!"

„Quatsch! Von einer Mutter habe ich noch nie etwas bemerkt, also gibt es sie auch nicht."

„Doch, manchmal, wenn wir ganz still sind, kannst du sie singen hören. Oder spüren, wenn sie unsere Welt streichelt.

Wir sind und leben in ihr und durch sie..., ohne sie könnten wir gar nicht sein!"

Geschichte nach Henry Nouwen

Anmerkung der Autoren: Im Wasserelement geht es darum, Entscheidungen aus einer inneren Sicherheit heraus zu fällen, auch ohne zu wissen, wie es weitergehen wird. Gleichzeitig bereitet das Element auf einen Neuanfang vor, der im nächsten Element Holz stattfindet.

7 Fazit

Den Lesern und Anwendern dieses Buches und der Karten wünschen wir viel Freude bei der „Reise" zu den Wurzeln ihres Lebens.

Entfesseln Sie Ihre gebundenen Energien und leben Sie Ihre Potenziale! Gehen Sie auf Schatzsuche und gleichen Sie Ihre disharmonischen Energiemuster aus! Wachstum und Bindung können so in Harmonie nebeneinander existieren. Das bedeutet, immer wieder aus „seelischen Sackgassen" herauszufinden. Aktivieren und unterstützen Sie das heilsame Empfinden von Liebe und Achtsamkeit, sowie Ihre persönliche Selbstentfaltung: „Erfinden Sie sich neu!"

Der Mensch ist gesund und zufrieden, wenn sich seine Energien in Harmonie und Gleichgewicht befinden. Dies ist kein passiver Zustand, den man irgendwann erreicht und dauerhaft halten kann. Es handelt sich um einen fortlaufenden und aktiven Prozess, ein beständiges Streben nach Kohärenz. Dieser beständige Wandel zwischen dem neu Werden, Organisieren, Desorganisieren und wieder neu Organisieren ist ein bereits in den Zellen angelegter Impuls.

Möglicherweise werden Sie auch einmal an ein Thema stoßen, welches sich der eigenen Bearbeitung entzieht. Das bedeutet nicht, dass die Methoden hier nicht hilfreich sein können. Manchmal ist es aber sinnvoll, sich professionelle Hilfe in Form eines Beraters, Coachs oder Therapeuten zu suchen, der sich Ihrem Thema aus einer anderen Perspektive nähern kann. Auch in Ihrer Nähe werden Sie sicher einen Profi finden, der die hier beschriebenen Methoden beherrscht.

Wenn wir Ihre Neugierde geweckt haben und Sie sich selbst weiter mit diesen Ideen auseinandersetzen möchten, empfehlen wir Ihnen den Besuch eines unserer Seminare oder werden Sie selbst zum Energie-Profi mit der Spirit of Energy-Ausbildung.

> Auf die Plätze, fertig, los! Vom Ziel trennt uns nur die Zeit, die wir brauchen, um dorthin zu gelangen.
>
> Stephen R. Covey

Literaturverzeichnis

Bateson, Gregory: Ökologie des Geistes. Anthropologische, psychologische, biologische und epistemologische Perspektiven, Frankfurt a. M.: Suhrkamp, 1981

Becker-Oberender, Kornelia: Klopfakupressur mit Kindern, Jugendlichen und Familien, Das Handbuch für die Praxis: systemisch, energetisch, ressourcenorientiert, Kirchzarten: VAK Verlags GmbH, 2008

Becker-Oberender, Kornelia/Oberender Erwin: Spirit of Energy – Schatzsuche statt Fehlerfahndung, 62 Karten mit Begleitbuch, Köln: edition-empirica, 2009

Becker-Oberender, Kornelia/Oberender, Erwin: Spirit of Energy: Blockaden lösen- Potenziale entfalten, In: Ralf Giesen (Hrsg.): Coachingperspektiven, Impulse für die Praxis, S. 171-198, Berlin: DVNLP Transfer, 2011

Becker-Oberender, Kornelia/Oberender, Erwin: Spirit of Energy: Neuro-Energetisches Coaching mit Mehrwert, In: Stephan Landsiedel, Landsiedel-Kongress im Schloss Zeilitzheim, S. 271-281, Wiesentheid: Stephan Landsiedel, 2012

Berne, Eric: Was sagen Sie, nachdem Sie Guten Tag gesagt haben? Psychologie des menschlichen Verhaltens, Frankfurt a. M.: Fischer TB, 2007

Burr, H.S: Blueprint for immortality: The electric patterns of life, London: Neville Spearman, 1972

Callahan, Roger/Perry, Paul: Why Do I Eat When I'm Not Hungry? New York: Doubleday, 1991

Callahan, Roger/Callahan, Joanne: Den Spuk beenden, Klopfakupressur bei posttraumatischem Stress, Kirchzarten: VAK Verlags GmbH, 2001
Covey, Stephen R.: Der Weg zum Wesentlichen, Frankfurt a. M.: Campus, 1999

Covey, Stephen R.: Die 7 Wege zur Effektivität. Prinzipien für persönlichen und beruflichen Erfolg, Offenbach: Gabal, 2005

Damasio, Antonio/Vogel, Sebastian: Selbst ist der Mensch: Körper, Geist und die Entstehung des menschlichen Bewusstseins, München: Siedler Verlag, 2011

Diamond, John: Leben als Cantillation, Kirchzarten: VAK Verlags GmbH, 1991

Diamond, John: Der Körper lügt nicht, Kirchzarten: VAK Verlags GmbH, 16. Auflage 2001

Diamond, John: Die heilende Kraft der Emotionen, Kirchzarten: VAK Verlags GmbH, 12. Auflage 2001

Freud, Sigmund: Konstruktionen in der Analyse (1937), In: Freud, S.: Schriften zur Behandlungstechnik, Frankfurt a. M.: Fischer Verlag, 1975

Gallo, Fred P.: Energetische Psychologie, Kirchzarten: VAK Verlags GmbH, 2000

Gallo, Fred P.: Handbuch der Energetischen Psychotherapie, Kirchzarten: VAK Verlags GmbH, 2002

Gallo, Fred P./Vicenzi, Harry: gelöst – entlastet – befreit , Klopfakupressur bei emotionalem Stress, Kirchzarten: VAK Verlags GmbH, 2008

Gallo, Fred P./Vicenzi, Harry: gelöst – entlastet – befreit, Klopfakupressur bei emotionalem Stress, 6. Stark erweiterte Auflage, Kirchzarten: VAK Verlags GmbH, 2010

Goleman, Daniel/Griese, Friedrich: EQ. Emotionale Intelligenz, München: dtv, 2000

Hay, Julie: Transactional Analysis for Trainers, Watford: Sherwood Publishing, 1996

Hay, Luise L.: Gesundheit für Körper und Seele – Wie Sie durch mentales Training Ihre Gesundheit erhalten und Krankheiten heilen, München: Heyne, 1984

Hennig, Gudrun/Pelz, Georg: Die Transaktionsanalyse, Handbuch für Beratung und Psychotherapie, Paderborn: Junfermann Verlag, 2002

Hüther, Gerald: Was wir sind und was wir sein könnten, Ein neurobiologischer Mutmacher, Frankfurt a. M.: S. Fischer Verlag GmbH, 2011

Joines, Vann/Stewart, Jan: Die Transaktionsanalyse, Freiburg: Herder Verlag, 2009

Kahler, Taibi/Capers, Hedges: Das Miniskript. In: Barnes, G. et al: Transaktionsanalyse seit Eric Berne, Bd. 2, New York: Harper & Row Hagerstown, 1977

Köster, Reinhard: Von Antreiberdynamiken zur Erfüllung grundlegender Bedürfnisse, In: Zeitschrift für Transaktionsanalyse in Theorie und Praxis 4/1999, S. 145-169, Paderborn: Junfermann Verlag, 1999

Kreyenberg, Jutta: Arbeitsstil- und Kommunikationsanalyse mit Hilfe von AKA, In: Zeitschrift für Transaktionsanalyse in Theorie und Praxis 1/2003, S. 64-73, Paderborn, Junfermann, 2003

Küstenmacher, Werner Tiki/Seiwert, Lothar J.: simplify your life: einfacher und glücklicher leben, Frankfurt a. M.: Campus, 2004

Lutterer, Wolfram: Gregory Bateson. Eine Einführung in sein Denken. Heidelberg: Carl-Auer-Systeme Verlag, 2002

Maturana, Humberto R./Varela, Francisco J./Ludewig, Kurt: Der Baum der Erkenntnis – Wie wir die Welt durch unsere Wahrnehmung erschaffen – die biologischen Wurzeln des menschlichen Erkennens, Bern, München, Wien: Goldmann, 1987

Mesmin, Destina/Oyserman, Daphna: Incentivizing education: Seeing schoolwork as an investment, not a chore, In: Journal of Experimental Social Psychology, Bd. 46, Nr. 5, Michigan: University of Michigan, Ann Arbor, 2010

Preukschat, Oliver: Warum gerade fünf? Ein neues Licht auf die Antreiber, ihren Status und Ursprung, In: Zeitschrift für Transaktionsanalyse in Theorie und Praxis 1/2003, S. 5-35, Paderborn: Junfermann Verlag, 2003

Satir, Virginia: Mein Weg zu Dir. Kontakt finden und vertrauen gewinnen, München: Kösel Verlag, 1991

Satir, Virginia/Kierdorf, Theo/Höhr, Hildegard: Kommunikation – Selbstwert – Kongruenz. Konzepte und Perspektiven familientherapeutischer Praxis, Paderborn: Junfermann, 2004

Schäfer, Gerd E.: Was ist frühkindliche Bildung? Kindlicher Anfängergeist in einer Kultur des Lernens, Weinheim und München: Juventa Verlag, 2011

Schmid, Bernd/Hipp, Joachim: Antreiber-Dynamiken – Persönliche Inszenierungsstile und Coaching, Institutsschriften des Instituts für Systemische Beratung, Wiesloch, www.systemische-professionalitaet.de, 2000

Schneider, Johann: Das dynamische Handlungspentagon; http://www.professio.de/fileadmin/img/Newsletter/Newsletter2008-10/2008-09-Handlungspentagon.pdf, 2008

Danke schön!

Unser herzlicher Dank geht an unsere Klienten, Patienten und Seminarteilnehmer, an all die risikofreudigen Menschen, die es gewagt haben, die scheinbar unumstößlichen Gesetze ihrer Karrieren und ihres Lebens zu hinterfragen, und die uns an ihren Bemühungen Anteil nehmen ließen. Ihr Feedback und Ihre Veränderungserfolge ermutigten uns, „dran zu bleiben" und uns vertieft mit den Sabotage-Fallen und der chinesischen Energielehre zu beschäftigen.

Wir danken all unseren Lehrern, die wir in unseren Aus- und Weiterbildungen erleben durften und die unser Interesse an der Bildung und Entwicklung des Menschen, der Resilienzfähigkeit, der chinesischen Energielehre und den Antreibertheorien entfachten und nicht müde wurden, unsere Fragen zu beantworten. Ohne die besonderen Kompetenzen, Erfahrungen und Sichtweisen jedes Einzelnen wäre dieses Buch nicht möglich gewesen.

Wir danken unseren Kindern, die uns auf ihre Art zu den Eltern werden ließen, die wir heute sind, und die uns viele Erkenntnisse erst durch ihre Entwicklung und ihre Veränderungsfähigkeit ermöglichten. Hier danken wir insbesondere unserem Sohn Daniel, der auch bei diesem Projekt seinen scharfen Blick und seine grafischen Beiträge einbrachte.

Ein besonderer Dank gilt unserer Lektorin, Bettina Steinle-Vossbeck. Mit ihrer sorgfältigen und umsichtigen Art hat sie wesentlich zum guten Gelingen des Buches beigetragen. Sie ermutigte uns immer wieder zur Konkretisierung und stellte uns genau die Zeit zur Verfügung, die wir zur Fertigstellung dieses Projektes brauchten.

Allen, auch den vielen ungenannten, ein herzliches Dankeschön!

Über die Autoren und ihre Arbeit

Kornelia Becker-Oberender ist Mutter von drei erwachsenen Kindern und arbeitet als Therapeutin und Coach in eigener Praxis sowie als Bildungsreferentin des Landes Rheinland-Pfalz in der Weiterbildung und Fachberatung im Bereich der Elementarpädagogik. Die Diplom-Pädagogin, Diplom-Sozialpädagogin, Heilpraktikerin Psychotherapie, Systemische Beraterin, NLP Master DVNLP, Yogalehrerin (BDY/EYU) und Autorin mehrerer Bücher ist eine der wenigen zertifizierungsberechtigten Lehrtherapeutinnen der Energy Psychology (EDxTM™) und Gründerin und Lehrtrainerin von Spirit of Energy.

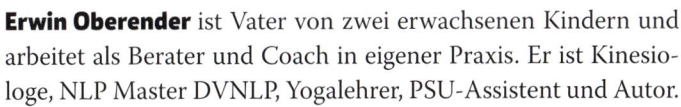

Erwin Oberender ist Vater von zwei erwachsenen Kindern und arbeitet als Berater und Coach in eigener Praxis. Er ist Kinesiologe, NLP Master DVNLP, Yogalehrer, PSU-Assistent und Autor. Darüber hinaus ist er zertifizierter Lehrtrainer der Energy Psychology (EDxTM™) und Gründer und Lehrtrainer von Spirit of Energy. In seiner Freizeit widmet er sich leidenschaftlich der Fotografie.

Die Autoren leiten gemeinsam das **IBE-Gieleroth, Institut für Bildung und Entwicklung,** mit einem einmaligen Seminarangebot für vielfältige pädagogische und psychologische Weiterbildungen, einer eigenen Praxis sowie Yogaschule.

Seminarreihe Ausbildung Spirit of Energy-Practitioner, -Trainee, -Trainer, -Coach

Spirit of Energy ist ein potenzialorientiertes, neuro-energetisches Coaching-, Beratungs- und Therapiekonzept. Es befasst sich mit dem Menschen in allen seinen Lebensbezügen und bietet ein offenes Erfahrungsfeld an, das dazu einlädt, sich selbst zu ergründen und seine ursprünglichen Potenziale (wieder) zu entdecken, zu konkretisieren und vollständig zu entfalten. Nutzen Sie die fundierte Spirit of Energy-Ausbildung für Ihre Zukunft. Werden Sie Energie-Profi!

Das komplette Ausbildungs-Curriculum und weitere Informationen finden Sie im Internet unter www.ibe-gieleroth.de.

Seminarreihe Ausbildung Advanced Energy Psychology nach Dr. F. Gallo

Einführung Energy Psychology bis Advanced Energy Psychology (AEP)/EDxTM™ IV incl. Prüfung zum AEP°-/EDxTM™-Practitioner

IBE-Gieleroth, Institut für Bildung und Entwicklung

Seminare, Beratung, Coaching, Therapie
Talstraße 34, D- 57610 Gieleroth, Tel. 02681 983977, Fax 02681 983978
E-Mail: info@ibe-gieleroth.de
Website: www.ibe-gieleroth.de, www.spirit-of-energy.de

Kornelia Becker-Oberender u. Erwin Oberender:

SPIRIT OF ENERGY – Schatzsuche statt Fehlerfahndung

Potenziale entfalten mit 62 Karten und Begleitbuch zur Klopfakupressur

Kartenset mit 62 Karten (18 x 18 cm) und Begleitbuch

Pb., 92 Seiten, in Stülpbox (19,6 x 19,4 x 4,4 cm)

ISBN 978-3-938813-10-2

Das Spirit of Energy-Kartenset mit Begleitbuch ist ein einzigartiges Werk, das die Energy Psychology unter anderem mit der Chinesischen Energielehre und dem Neurolinguisti-schen Programmieren (NLP) verbindet. Die Karten sind vielseitig verwendbar und einsetzbar, z.B. in der Energy Psychology®, Emotional Freedom Techniques (EFT), EMDR, in Selbstmanagement, Beratung und Coaching.

Das Begleitbuch enthält ausführliche Anleitungen mit Anwendungsbeispielen. Jede Karte enthält detaillierte Informationen zu dem Klopfpunkt. Die ungewöhnlichen und wundervollen Naturaufnahmen wirken ausgleichend auf Ihr Energiesystem und bewirken, dass Sie Ihren Blick für neue Ziele öffnen. Die beiden Autoren verstehen es, Ihnen Türen zu öffnen zu persönlicher Höchstleistung, innerer Ausgeglichenheit und privatem sowie beruflichem Erfolg durch Ausrichtung auf positive Ziele. Die Spirit of Energy-Karten sind der Schlüssel zu Ihren Potenzialen und Kraftquellen. So finden Sie Anregun-gen und Hilfe für Ihren persönlichen, kontinuierlichen Erfolgskurs, ein kreatives Selbstmanagement, einen optimierten Schaffensprozess und das Kreieren attraktiver Wahlmöglichkeiten.

Kornelia Becker-Oberender u. Erwin Oberender:

SPIRIT OF ENERGY POCKETAUSGABE

Potenziale entfalten mit 67 Karten zur Klopfakupressur für unterwegs

Kartenset mit 67 Karten (7 x 8,5 cm) in Stülpbox (8 x 9,5 x 4 cm)

ISBN 978-3-938813-13-3

Sie möchten Ihre Spirit of Energy-Karten immer und jederzeit einsetzen können? – Zu Hause, in der Praxis oder unterwegs? Mit der Pocketausgabe ist das bequem möglich. Jetzt haben Sie immer die richtige Karte zur Hand. Auf der Vorderseite ist der Fotoaus-schnitt enthalten und auf der Rückseite eine Abbildung des Klopfpunktes, die zugehörige Energieformel und das ausgewählte Zitat.

Kornelia Becker-Oberender u. Erwin Oberender:

SPIRIT OF ENERGY THERAPEUTENSET

67 Karten in dreifacher Ausführung für Ihre Klienten zur Klopfakupressur

Kartenset mit 201 Karten (67 in 3facher Ausf.; 7 x 8,5 cm) in Schiebebox (24 x 10 x 4,5 cm)

ISBN 978-3-938813-14-0

Geben Sie Ihrer Klientin bzw. Ihrem Klienten ihren/seinen Punkt bzw. ihre/ seine Punkte mit nach Hause. Mit dem Therapeutenset ist das bequem möglich. Jetzt haben Sie im-mer die richtige Karte zur Hand und können diese Ihren Klienten mit auf den Weg geben. Auf der Vorderseite ist der Fotoausschnitt enthalten und auf der Rückseite eine Abbildung des Klopfpunktes, die zugehörige Energieformel und das ausgewählte Zitat.

Herausgegeben von Bettina Steinle-Vossbeck, 16 Beiträge von verschiedenen Autoren:

Yoga und... Freie Themen rund um Yoga

Mit einem Vorwort von Birgit Hampe

Pb., 108 Seiten (21 x 29,8 cm)

2. Auflage 2011

ISBN 978-3-938813-21-8

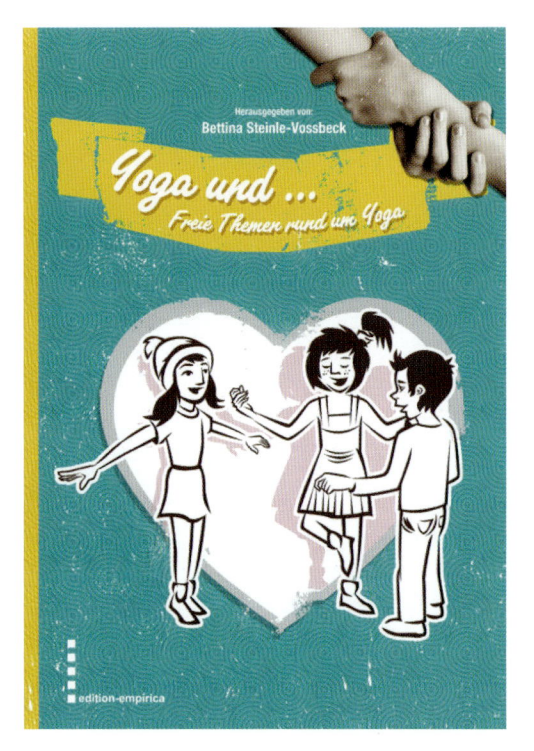

Yoga und... enthält 16 Beiträge zu verschiedenen Themen rund um Yoga, die von Yoga-lehrerinnen und Yogalehrern auf ihre persönliche Art und Weise dargestellt werden. Die Autorinnen und Autoren haben jeweils ein Thema unter die Lupe genommen, analy-siert, über einen längeren Zeitraum beobachtet, oder auch eigene Erfahrungen dargestellt. Es sind freie Themen und Meinungen, die ein breites Spektrum bieten und von Yoga und Wirkungen im Einzelunterricht über Yoga als Suchtbehandlungsmethode (Nikotinentwöhnung) bis hin zu Yoga und Reiten reichen.

Die Beiträge wurden verfasst von den Teilnehmenden der ersten Ausbildungsgruppe an der Yoga-Ayurveda-Akademie (YAA), Krefeld, während der Ausbildung zur Yogalehrerin BDY/EYU bzw. zum Yogalehrer BDY/EYU: Martina Becker, Birgit Dannath, Elfriede Frisch, Eva Grandao, Frank Hampe, Isabell Haubner, Iris Hess, Susanne Höltgen, Andrea Kalk, Annette Kuhlmann, Maike Magnussen, Annika Meiring, Dagmar Ohlwein, Christiane Reuters, Bettina Steinle-Vossbeck, Daniela Unger. Mit einem Vorwort von Birgit Hampe.

Bettina Steinle-Vossbeck:

Yoga Memo

Illustriert von Sahba Yadegar

198 Teile, Kartenset mit 99 Kartenpaaren und Anleitung, Deutsch/Englisch

99 Kartenpaare (7 x 7 cm) u. Anleitung, in Stülpbox (ca. 16 x 16 x 6 cm)

ISBN 978-3-938813-20-1

Yoga Memo lässt sich im Yogaunterricht für Kinder und Jugendliche einsetzen, benennt fachliche Bezeichnungen der verschiedenen Yoga-Haltungen und führt bildlich zum Verständnis der einzelnen Körperhaltungen. Aus der Fülle der bekannten Yoga-Haltungen wählte die Autorin 99 Haltungen aus, die in einer übersichtlichen „Strichmännchen-Weise" dargestellt sind. Der Designer Sahba Yadegar-Yousefi ergänzte die graphischen Darstellungen um anschauliche und gut nachvollziehbare Bilder. Die Paare, Grafik und Bild, sind nach Schwierigkeitsgraden gekennzeichnet. Die beigefügte Anlei-tung enthält Anregungen zum Einsatz der Karten im Yoga-Unterricht für Kinder und Erwachsene und zur Gestaltung individueller Übungsabläufe. Yoga Memo regt zu spielerischem Lernen an und vertieft bereits vorhandenes Wissen.

Andreas Kersting:

Macher, Promis, Immis und Individualisten

Wer macht Köln?

Die 100 wirklich wichtigen Kölner

Hardcover, gebunden, 29,0 x 21,0 cm

250 Seiten mit über 100 Fotos

ISBN 978-3-938813-40-9

In diesem Buch lernen Sie Köln menschlich kennen: 100 Macher, Immis, Promis und Individualisten, die sich in und um Köln längst einen Namen gemacht haben, deren Stern gerade aufgeht oder deren außergewöhnliche Leistung manchen sogar noch unbekannt sein mag.

Eine Muse, Schauspieler, Musiker, Modedesignerinnen, ein Kriminalbiologe, Unternehmer, Architekten, ein Parfumhersteller, Intendanten, eine Tanzweltmeisterin, ein Kardinal, eine Nachrichtensprecherin, Karnevalisten, Banker, Galeristen, ein Adenauer und viele mehr erzählen ihre Geschichte, was sie tun und lassen, an Köln mögen oder auch nicht, wie sie es mit dem Karneval halten, oder verraten ihre Hobbys. Bei allem was sie trennt, verfügen sie über einen gemeinsamen Nenner: Sie bewegen sich und andere; „sie machen Köln" und verleihen der Millionenstadt am Mittelrhein ihren unverwechselbaren Charme und diskussionswürdigen Liebreiz.

Notizen

Notizen

Notizen

Notizen